rororo

Fiona Lorenz hat sich auf die Spuren der Religionskritiker gemacht und zahlreiche Interviews mit Atheisten, Zweiflern und Agnostikern geführt: Darunter sind Prominente wie Janosch, Ralf König, Mina Ahadi und Nina Vorbrodt, aber auch ganz «normale» Menschen, die sich aus unterschiedlichen Gründen gegen den Glauben aussprechen. Das Ergebnis dieser Gespräche ist ein intensiver, persönlicher Einblick in die Gründe für die Abwendung von Kirche und Religion. Er soll Mut machen, sich zum eigenen Unglauben zu bekennen, und zeigen, dass es nicht nötig ist, an Gott zu glauben, um ein sinnerfülltes Leben zu führen.

Dr. Fiona Lorenz (Jg. 1962) promovierte am Fachbereich Pädagogik der Universität Trier und ist in eigener Praxis für Coaching und Berufsfindung in Trier tätig. Sie engagiert sich in der Giordano-Bruno-Stiftung und dem Humanistischen Verband Deutschlands (HVD).

FIONA LORENZ

Wozu brauche ich einen Gott?

Gespräche mit Abtrünnigen und Ungläubigen

Mit Illustrationen von Ralf König

Rowohlt Taschenbuch Verlag

Originalausgabe
Veröffentlicht im Rowohlt Taschenbuch Verlag,
Reinbek bei Hamburg, Januar 2009

Umschlaggestaltung ZERO Werbeagentur, München
Titelillustration und Illustrationen im Innenteil Ralf König
Satz aus der Kepler MM
bei KCS GmbH, Buchholz bei Hamburg
Druck und Bindung Druckerei C. H. Beck, Nördlingen
Printed in Germany
ISBN 978 3 499 62473 5

Inhaltsverzeichnis

Vorwort

«Haben Sie in Ihrer Kindheit *schlechte* Erfahrungen mit der Kirche gemacht?» Ich weiß nicht, wie oft mir diese Frage in den letzten Jahren von Journalisten gestellt worden ist. Offensichtlich glauben viele, die beste Voraussetzung für einen Religionskritiker sei es, als Kind von einem Priester unsittlich berührt worden zu sein, mindestens aber eine schallende Ohrfeige während des Kommunionsunterrichts erhalten zu haben.

Einige Interviewer waren arg enttäuscht darüber, dass ich weder mit dem einen noch mit dem anderen aufwarten konnte. Doch es ist nun einmal so, dass mir kein Kirchenvertreter je irgendetwas getan hat. Die meisten, denen ich in meinem Leben begegnete, wirkten auf mich sogar durchaus sympathisch. Persönlich habe ich also gar keinen Grund, über die Kirche zu klagen. Und so lag es auch nicht an dem vielgescholtenen «Bodenpersonal» der Kirche, sondern vielmehr an den grotesken Geschichten, die über die vermeintliche «Chefetage» verbreitet wurden, dass ich mich als Jugendlicher mehr und mehr von meinem Kinderglauben abwandte.

Das Problem war, dass die christliche Doktrin schlichtweg unverträglich war mit den wissenschaftlichen und philosophischen Erkenntnissen, mit denen ich mich auseinandersetzte. Mein Verstand rebellierte schon bei der Lektüre der ersten Bibelseite. Denn die Ergebnisse der Evolutionsbiologie führten den Schöpfungsglauben ad absurdum. Wie auch sollte man sich erklären, dass ein angeblich allwissender Gott zunächst a) eine ungeheure Vielfalt von Dinosauriern erschuf, später b) einen riesigen Felsbrocken auf deren Heimatplaneten einschlagen ließ, damit c) die Dinosaurier wieder aussterben, um so d) Platz zu schaffen für die vermeintliche Krönung der Schöpfung, Homo sapiens? Ein Gott, der eine solche Arbeitsweise an den Tag legte, wäre kein «intelligenter Designer», sondern ein Musterbeispiel für Konzeptlosigkeit: «Keine noch so chaotische Grafikagentur», schrieb ich später, «kein Fahrzeughersteller, keine Modefirma, kein Mensch, der halbwegs bei Verstand ist, würde einen Designer mit einer derart verheerenden Kosten-Nutzen-Bilanz einstellen!»

Dass etwas an den christlichen Glaubensvorstellungen nicht stimmen konnte, spürte ich schon als 13-Jähriger. Doch ich wollte es genau wissen. Also kämpfte ich mich nicht nur durch die Bibel, sondern auch durch zahlreiche andere philosophische, theologische und wissenschaftliche Texte hindurch. Mit 16 Jahren hatte ich den Loslösungsprozess weitgehend abgeschlossen. Dabei empfand ich den «Verlust des Glaubens» keineswegs als schmerzlich. Es war einfach nur logisch: Je mehr ich nach*dachte*, desto weniger konnte ich nach*beten*. Irgendwann war mir klar, dass ich keinen Gott brauchte, um Halt im Leben zu finden. Ich machte mir lieber selber meinen Reim. Und wenn ich damit einmal nicht weiterkam, fand ich es klüger, bei Einstein, Marx, Darwin, Nietzsche, Freud oder Fromm Rat zu suchen als bei Moses, Jesus oder Mohammed.

Möglicherweise wäre es bei diesem undramatischen Abschied von der Religion geblieben, wenn ich nicht zufällig einen Vortrag von Karlheinz Deschner gehört hätte. Im Zuge der Beschäftigung mit der «Kriminalgeschichte des Christentums» wurde mir immer stärker bewusst, dass religiöse Dogmen eben nicht nur absurd sind, sondern auch gefährlich. Denn mit dem «Jenseits» lässt sich nicht nur «jede Lüge im Diesseits» rechtfertigen, wie Nietzsche schrieb, sondern auch jede nur erdenkliche Form von Gewalt. So erwachte in mir ein neues Interesse an Religion bzw. Religionskritik, zumal sich Anfang der 90er Jahre abzeichnete, dass sich die Aufklärer in einer Hinsicht gehörig verschätzt hatten: Die Religionen machten nämlich gar keine Anstalten, «vernünftiger» zu werden oder gar «abzusterben», wie man im Zuge der sogenannten Säkularisierungsthese vermutet hatte. Im Gegenteil! Je aufgeklärter sich eine Glaubensgemeinschaft gab, desto eher verlor sie Mitglieder, während fundamentalistische Gruppierungen immer mehr an Einfluss gewannen – nicht nur im Islam. Dieser Trend ist bis heute ungebrochen, und die Gefahren, die daraus erwachsen, darf man nicht unterschätzen. Andererseits sollte man nicht übersehen, dass es auch einen Gegentrend gibt: Nicht nur die Zahl der Fundamentalisten steigt kontinuierlich an, sondern auch die Zahl der religionsfreien Menschen. Von ihnen, ihren Lebenswegen und Überzeugungen handelt das vorliegende Buch.

Wenn ich die hier versammelten Gespräche mit Ungläubigen und Abtrünnigen lese, entdecke ich viele Gemeinsamkeiten mit meiner eigenen Biographie, etwa den großen Einfluss, der von bestimmten religionskritischen Autoren ausging. Es gibt jedoch auch Unterschiede. So war «Gott» für einige Gesprächspartner offensichtlich nie ein Thema, während ich bei meiner «Ersten Heiligen Kommunion» noch lammfromm glaubte, tatsächlich und wahrhaftig den «Leib des Herrn» zu verspeisen (glücklicherweise war ich zu diesem Zeitpunkt noch kein Vegetarier!). Für andere wiederum bedeutete die Befreiung aus religiöser Umklammerung einen schmerzhaften Prozess über Jahrzehnte hinweg. Es ist eine der Stärken des Buchs von Fiona Lorenz, dass es zeigt, wie unterschiedlich die Wege sind, die Menschen zum freien Denken führen.

In Deutschland gibt es mittlerweile mehr Konfessionsfreie als Katholiken oder Protestanten. Es ist an der Zeit, dass dieses konfessionsfreie Drittel der Gesellschaft politisch wie medial stärker wahrgenommen wird. Vielleicht kann dieses Buch hierzu einen Beitrag leisten. Zu hoffen ist auch, dass einige Journalisten den Band nutzen werden, um tradierte Denkklischees zu hinterfragen. Denn eines ist gewiss: Um sich von der Religion abzuwenden, bedarf es keiner Übergriffe pädophiler Priester – ein gesunder Menschenverstand reicht völlig aus …

Michael Schmidt-Salomon

Einleitung – Weltanschauung in Deutschland

Am 20. April 2005, dem Tag nach der Wahl von Joseph Kardinal Ratzinger zum Papst Benedikt XVI., titelte die Bildzeitung: «Wir sind Papst» – die Gesellschaft für Deutsche Sprache setzte den Ausspruch auf den zweiten Platz unter den zehn Wörtern des Jahres 2005.[1]

Das Nachrichtenmagazin *Spiegel* beschrieb im November 2006 noch «Die Rückkehr des Glaubens»[2], um im Mai 2007 zu titeln: «Gott ist an allem schuld! Der Kreuzzug der neuen Atheisten»[3].

Mehr als 100 Wochen stand Hape Kerkelings «Ich bin dann mal weg» auf Platz 1 der Sachbuch-Bestsellerliste, und das Interesse, seine Leiden und die Suche nach Gott auf dem Jakobsweg zu verfolgen, blieb damit über zwei Jahre auf hohem Niveau. Andererseits befand sich 22 Wochen lang «Der Gotteswahn» von Richard Dawkins unter den ersten zehn der meistverkauften Bücher, mehrere Wochen davon direkt hinter Kerkeling auf Platz 2. Michel Onfray schaffte es 2006 mit «Wir brauchen keinen Gott» für zehn Wochen immerhin unter die besten 50, und kurz nach dem missglückten Indizierungsversuch durch das Familienministerium im März 2008 belegte das Kinderbuch von Michael Schmidt-Salomon und Helge Nyncke, «Wo bitte geht's zu Gott?, fragte das kleine Ferkel», Platz 10 der meistverkauften Bücher in Deutschland.[4]

Auch in der Politik ist Religion immer wieder ein Thema, nicht nur in Bezug auf die Kopftuchdebatte und das Kruzifix-Urteil: So bezeichnete der CSU-Vorsitzende Edmund Stoiber im Juni 2007 den Kinderbuchautor Janosch als «falschen Propheten», weil in der Trierer Konstantin-Ausstellung «Kunst und Provokation» eine Postkarte Janoschs mit dem Titel «Die Taufe» ausgestellt wurde, auf der einem Baby ein Kreuz in den Bauch getrieben wird.[5]

Man dürfe nicht zulassen, erklärte Stoiber weiter, dass Janosch mit seinen antireligiösen Zeichnungen und Kommentaren «Zugang zu unseren Kinderzimmern» erlange. Stattdessen müssten Kirche, Gesellschaft und Politik den Kindern «Orientierung, Werte und Religion» vermitteln.

Doch nicht nur Politiker, sondern auch viele Prominente treten immer wieder mit Glaubensbekenntnissen an die Öffentlichkeit.[6] Wenige von ihnen bekennen sich dagegen öffentlich, Agnostiker, Atheisten oder Religionskritiker zu sein. Einer dieser wenigen ist Udo Jürgens, der über sich sagte: «Ich bin ein überzeugter Atheist. Immer wieder haben religiöse Fanatiker blutige Kriege ausgelöst. Solchen Menschen darf man nicht trauen.»[7]

Gleichzeitig treten im gesamten deutschsprachigen Raum, auf Podiumsdiskussionen und in Talkshows, bei Maischberger, Johannes B. Kerner, Gert Scobel und Arabella Kiesbauer, Gläubige gegen Atheisten an.

Allein dieser kurze Blick auf die öffentliche Debatte der letzten Jahre zeigt, dass das Interesse am Thema Religion und Religionskritik in Deutschland sehr groß zu sein scheint und die unterschiedlichen Positionen mit zum Teil großer Heftigkeit ausgetauscht werden. Doch wie sieht es jenseits kontroverser Diskussionen mit den Daten und Fakten zur Weltanschauung in Deutschland aus? Spielen Religion und Kirche eine Rolle im Leben der Deutschen?

Bertelsmann legte im Dezember 2007 den «Religionsmonitor 2008» vor, demnach seien 70 % der Deutschen religiös. Die in der Bertelsmann-Umfrage erhobene «Religiosität» bezieht sich jedoch auf Fragen wie beispielsweise: «Wie oft ging Ihre Mutter/Ihr Vater mit Ihnen zu spirituellen Handlungen oder Ritualen, als Sie 6–12 Jahre alt waren?»[8]

Eine Umfrage der Forschungsstelle Weltanschauung in Deutschland (fowid.de) aus dem Jahr 2005 zur Verteilung der

Konfessionen in Verbindung mit dem Glauben ergab: 31 % der Deutschen waren römisch-katholisch, 30,8 % evangelisch, 3,9 % muslimisch, und 32 % gehörten keiner Religion an – das macht die Konfessionsfreien mittlerweile zur größten weltanschaulichen Gruppe in Deutschland. Dabei bestehen aufgrund der geschichtlichen Entwicklung sehr große Unterschiede zwischen Ostdeutschland und Westdeutschland. Der Aussage: «Ich glaube nicht, dass es einen persönlichen Gott, irgendein höheres Wesen oder eine geistige Macht gibt», stimmten insgesamt 25,7 % der Deutschen zu. Aufgeteilt nach den Bundesländern waren es beinahe 19 von hundert Westdeutschen und gut 56 von hundert Ostdeutschen. Das heißt umgekehrt, dass sich einer von fünf Westdeutschen als atheistisch bezeichnet, wohingegen sich mehr als die Hälfte der Ostdeutschen als gottlos definieren.

Allerdings zieht sich die Linie der Atheisten auch durch die Konfessionen: Jede/r fünfte eingetragene Protestant/in ist ein Atheist, bei den Katholiken/innen sind es immerhin 9 %. Auch nach Geschlecht sind Unterschiede festzustellen: Drei- bis viermal (Ost/West) so viele Männer wie Frauen sind atheistisch.

Gleichzeitig verlieren die zwei großen Kirchen in Deutschland jährlich zehntausende Mitglieder. Insgesamt lag die Zahl der Kirchenaustritte zwischen 1970 und 1989 in Westdeutschland zwischen 120 000 und 150 000 (evangelische Kirche) und zwischen 70 000 und 90 000 (katholische Kirche) jährlich, nachdem sie in den 1950er und 1960er Jahren noch deutlich geringer war. Diese Zahlen stiegen im Verlauf der Wiedervereinigung nochmals stark an und erreichten 1992 ihren Höhepunkt mit ca. 360 000 (evangelische Kirche) bzw. ca. 190 000 Austritten (katholische Kirche) in Gesamtdeutschland.[9] Inzwischen pendelten sich die jährlichen Kirchenaustritte der evangelischen Kirche bei mehr als 180 000 Mitgliedern ein, bei den Katholiken sind es ca. 100 000 (2004) bzw. ca. 85 000 (2006). Schätzungen zufolge gehörten 2006 in Deutsch-

Weltanschauung in Deutschland 2005

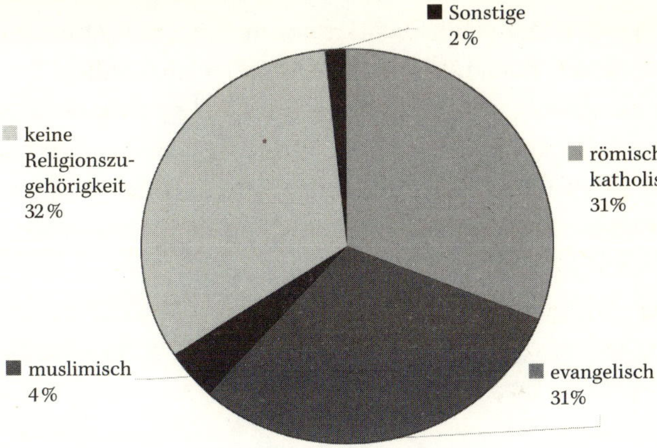

Abbildung 1: Weltanschauung in Deutschland 2005[10]

land nur noch 62% der Gesamtbevölkerung einer der beiden Großkirchen an.[11]

Der Kirchenaustritt wird von den meisten Menschen damit begründet, dass ihnen die Kirche «gleichgültig» sei bzw. sie die Kirchensteuer sparen wollen. Auch ohne Kirche christlich sein zu können, wird vor allem von Westdeutschen genannt, Ostdeutsche dagegen brauchen nach eigenen Angaben keine Religion, können mit dem Glauben nichts mehr anfangen.

Viele Deutsche orientieren sich stärker an allgemein humanistisch-ethischen Werten als an christlichen, zudem führen Skandale – beispielsweise Kindesmissbrauch durch Pfarrer – sowie die Kritik an einigen der von den Kirchen vertretenen Positionen zu Homosexualität, Schwangerschaftsabbruch, Gleichberechtigung der Frau oder Empfängnisverhütung zu verstärkten Austrittszahlen. Ein weiterer genannter Grund ist der Konflikt zwischen wissenschaftlichen Erkenntnissen und der biblischen Geschichte.[12]

Insgesamt gibt es zwei sichtbare Tendenzen: Die Zahl derer, die sich verstärkt dem Glauben zuwenden, nimmt leicht zu. Die Zahl derer jedoch, die sich gänzlich vom Glauben abwenden, steigt relativ stark an. Gleichzeitig schlägt sich vor allem die erste der beiden Tendenzen medial als erwünschte «Normalität» nieder; Atheisten, Agnostiker, Humanisten werden dagegen häufig undifferenziert dargestellt und als eher skurrile oder gar soziopathische Einlage in Talkshows dargeboten.[13]

Warum dieses Buch?

Über Christen, ihr Denken und Fühlen, ihre Beweggründe wissen wir einiges. Wie sieht es aber mit den Atheisten aus? Wieso scheint Ungläubigkeit noch immer für viele ein Tabuthema zu sein? Wie denken und fühlen Gottlose? Unterscheiden sie sich von Gläubigen? Wenn ja: worin? Wie leben sie? Weshalb sind sie ungläubig und haben sich von Kirche, Religion und dem Glauben abgewendet? Und welche Erfahrungen haben sie damit gemacht?

Ich verberge nicht, dass ich selbst Atheistin bin. Ich bin in dem Moment aus der Kirche ausgetreten, als ich erstmals Kirchensteuer zahlen sollte, mit Anfang zwanzig. Habe ich jemals an Gott geglaubt? Ich kann mich nicht daran erinnern. Von daher würde ich sagen, ich war schon immer Atheistin. Ich bin sogar der Meinung: Wir kommen alle als Atheisten auf die Welt und werden erst später durch unsere Eltern, durch Erzieher/innen in den kirchlichen Kindergärten, durch Grundschullehrer/innen zu Gläubigen gemacht. Als ich etwa 13, 14 Jahre alt war, las ich ein Buch über König David, «Der Goldene Löwe» hieß es. Es ging darin um die Kraft, die Menschen aus dem Glauben ziehen. Also habe ich auch versucht, an Gott zu glauben. Ich hab es einige Wochen lang versucht und dann für mich das Fazit gezogen, dass ich nicht an Gott glauben kann. Seitdem fahre ich auch sehr gut damit, ich kenne es nicht anders. Dennoch würde ich nicht unbedingt darauf beharren, dass es keinen Gott gibt – ich halte es nur für sehr, sehr unwahrscheinlich.

Meine Erfahrungen mit Kirche und Religion bestanden in meiner Jugend darin, dass mein Vater mich allwöchentlich in den Katechismusunterricht und in die Kirche schickte, bevor ich konfirmiert wurde. Nach einigen Monaten konnte ich die meisten Kirchenlieder auswendig mitsingen, wurde konfirmiert, aber nichts davon ist in meinem Bewusstsein hängengeblieben. Ich denke zwar, dass viele meiner Wertvorstellungen auf dem christlichen, sogar protestantischen Wertesystem beruhen – protestantische Arbeitsethik und keine Möglichkeit zu sündigen, da keine Beichte und Buße wie im Katholizismus –, nichtsdestotrotz bin ich nicht im engeren Sinne religiös erzogen worden. Zu Hause haben wir nie gebetet, sind nur zu Weihnachten mal in einen Gottesdienst gegangen. Das heißt, ich war in meiner Kindheit und Jugend relativ wenig religiösen Einflüssen ausgesetzt, die mich zudem meist gelangweilt haben.

Im Gegensatz zu vielen, die durch Schicksalsschläge gläubig werden, habe ich durch mehrere Krebserkrankungen nicht zu Gott gefunden. Mir ist lediglich klargeworden, dass ich sterblich bin und dass ich das Bestmögliche aus meinem Leben machen möchte. Das heißt auch, dass ich die Verpflichtung sehe, alles für mich zu tun, damit es mir gutgeht, sowie der Welt meine Begabungen und Kompetenzen zur Verfügung zu stellen. Religion sehe ich in diesem Zusammenhang als einen Mechanismus, ein System, das die Selbstbestimmung des Menschen eher verhindert als ermöglicht. Selbstbestimmung macht meines Erachtens das Leben zwar schwieriger und anstrengender, da sie mich in die Verantwortung nimmt und ich gelegentlich strampeln muss, um dorthin zu gelangen, wo ich hin will. Dafür ist es dann *mein* Leben, und meine Zufriedenheit ist der Lohn. Religion und andere festgefügte Systeme bieten dagegen zwar eine Orientierung, sodass man sich nur wenig eigene Gedanken zu machen braucht. Es wird einem bequem serviert, was man zu denken, zu fühlen und zu tun hat, dafür gibt's Strafen fürs Abweichen. Und verantwortlich für alles ist irgendwie doch Gott, irgendeinen Grund wird er gehabt haben. Es kann tragische Ausmaße bis hin zum Selbstmordattentat annehmen, weil man tatsächlich an die Existenz eines Paradieses glaubt. Religionen enthalten viele lebensverneinende Elemente und vertrösten auf ein illusionäres Jenseits, führen also dazu, dass Menschen ihr Leben in den Dienst einer Illusion stellen und sich viele Freuden des Lebens – ein lebensbejahendes Verhältnis zur Sexualität inklusive – versagen.

Ich merke allerdings, dass es viele, viele Menschen gibt, die nicht begreifen, was ich meine. Für sie scheint ein Leben ohne Gott unvorstellbar, genauso wie für mich ein Leben mit Gott unvorstellbar ist. Wozu brauche ich einen Gott? Ich hab ja mich als sichere Instanz. Ich habe ein Gehirn, ich fühle, denke, tausche mich mit anderen Menschen aus. Das brauche ich.

Ich brauche auch keine Ventilsitten wie Fastnacht oder Weihnachten, weil ich mein Leben nicht nach einem vorgefertigten Schema lebe und Feste feiere, wie sie fallen. Über die freien Tage bin ich allerdings froh.

Zudem hat die Religionszugehörigkeit Auswirkungen auf beinahe jeden Beruf im sozialen und medizinischen Bereich. In meinem Wohnort Trier gibt es zum Beispiel nur zwei Kindertagesstätten, die nicht in kirchlicher Hand sind, es gibt fünf Krankenhäuser, alle kirchlich. Beinahe alle sozialen Einrichtungen sind an die (katholische) Kirche angebunden. Sie stellen keine Mitarbeiter/innen ein, die nicht katholisch oder wenigstens protestantisch sind, und dürfen Leute entlassen, die gegen die Grundsätze der Kirche verstoßen. Bezahlt werden diese Stellen allerdings vom

Staat. Das finde ich unfassbar! Es gibt demnach viele Menschen, die nur deshalb in der Kirche sind, weil sie sonst keine Arbeitsstelle bekämen. Und die ihre privaten Lebensumstände geheim halten, weil sie Angst vor dem Verlust des Arbeitsplatzes haben, zum Beispiel eine Anästhesistin, die geschieden ist und verheimlicht, dass sie einen neuen Lebenspartner hat, weil das ein Kündigungsgrund wäre.

Ein Motiv, dieses Buch zu schreiben, ist daher die Hoffnung, wenn genügend Menschen die Geschichte ihres kirchen-, religions- und gottlosen, dafür aber erfüllten, humanistischen Lebens erzählen, dass Zweifler am Glauben dazu ermutigt werden, sich mit den Widersprüchen im System Religion oder mit der Angst vor dem Verlust eines Gottes zu konfrontieren und eventuell davon Abschied nehmen können. Daher ist dieses Buch auch wenig theoretisch. Es gibt bereits sehr viele theoretische und philosophische Abhandlungen zum Thema Religionskritik,[14] mein Anliegen ist es jedoch, Beispiele zu geben vom wundervollen gottlosen und am Menschen orientierten, humanistischen Leben.

Mein Antrieb ist außerdem, Menschen zu zeigen, dass es viele gibt, die denken und fühlen wie sie.

Ich selbst war völlig überrascht über die Resonanz, die ich auf meine Inserate und auf meine Homepage www.wozubiegott.de bekam. Insgesamt ließen sich 70 Personen zu ihrem Glauben bzw. Nichtglauben befragen. Aus den geplanten 12–15 Interviews waren schnell fünfmal so viele geworden!

Gemeldet hatten sich weitaus mehr Männer (56) als Frauen (14), was in etwa die Verteilung der Gottlosen nach Geschlecht in der Bevölkerung widerspiegelt. Die Befragten waren zwischen 9 und 86 Jahren alt und lebten überwiegend in Deutschland, aber auch aus Luxemburg, der Schweiz, Teneriffa und Österreich meldeten sich Interessierte. Mehrere Befragte stammten aus dem Iran und Afghanistan oder ihre Eltern waren Migranten aus dem

Iran oder Italien. Nur elf der Befragten waren nie Mitglied einer Weltanschauungsgemeinschaft gewesen, die meisten von ihnen stammten aus dem Osten Deutschlands. Ein vormaliger Baptist, der später Mormone und dann Atheist wurde, drei Ex-Muslime, 19 (ehemalige) Protestanten und 25 (ehemalige) Katholiken beteiligten sich. Einige der Befragten sind der säkularen Szene zuzurechnen, d. h., sie sind in irgendeiner Form in einer der religionskritischen Vereinigungen wie der Giordano-Bruno-Stiftung, dem Internationalen Bund der Konfessionslosen und AtheistInnen (IBKA), dem Humanistischen Verband Deutschlands (HVD) oder dem Bund für Geistesfreiheit (BfG) organisiert und aktiv.

Die meisten Befragten sind jedoch einfach Privatmenschen, die sich zwar als kirchen- und/oder religionskritisch, als atheistisch, agnostisch und/oder humanistisch bezeichnen, aber dieses Faktum nicht als so wichtig ansehen, dass sie sich in diesem Bereich engagieren würden.

Unter den Interviewten sind allerdings auch einige Prominente wie z. B. der Kinderbuchautor Janosch, der Comiczeichner Ralf König, der Urmel-Schöpfer und Kulturhistoriker Max Kruse und Mina Ahadi, Vorsitzende des Zentralrats der Ex-Muslime, die Schriftstellerin Esther Vilar sowie die Schauspielerin Nina Vorbrodt.

Meine Annahme: Wenn sie sich als areligiös outen würden, hätte dies wahrscheinlich eine größere Beispielwirkung als bei «normalen» Sterblichen.

Leider konnten nicht alle Interviews ins Buch aufgenommen werden, die Erkenntnisse, die sie mir beschert haben, werden jedoch im Buch deutlich. Ich habe versucht, eine möglichst repräsentative Auswahl in Hinblick auf Geschlecht, Alter, Selbsteinschätzung – Atheist, Agnostiker, Humanist, Aktivisten – und Region zu treffen. Die anderen Interviews werden ab Frühjahr 2009 auf meiner Homepage zu finden sein.

Ich hoffe, ich kann mit diesem Buch einen vielschichtigen Beitrag zu mehr Selbstbestimmung, zum Selber-Denken und zum Erforschen der Widersprüche in Kirche und Religion leisten!

Ein letzter Grund, dieses Buch zu publizieren, ist der folgende Erfahrungsbericht aus dem Münsterland. Er zeigt auf erschreckende Weise, welche Blüten fundamentalistische Religiosität heute, im 21. Jahrhundert!, in Deutschland treiben kann.

Konfessionslos im Münsterland –

Ein Erfahrungsbericht

Marion Wirth, Nachhilfelehrerin, verheiratet, zwei Söhne

Im Frühjahr 1997 war es meiner Familie und mir in unserer Bochumer Dreizimmerwohnung mit zwei kleinen Kindern endgültig zu eng geworden. Das führte zu der Überlegung, ein Haus zu kaufen, das geräumig genug sein sollte, um uns Entfaltungsmöglichkeiten zu geben, am besten mit Garten und in einer kinderfreundlichen Umgebung. Da mein Mann als Polizeibeamter tätig ist, waren wir gezwungen, einen Wohnsitz in Nordrhein-Westfalen zu finden. Nachdem wir uns auf dem örtlichen Immobilienmarkt umgetan hatten, wurde schnell klar, dass es unsere finanziellen Mittel nicht zuließen, ein Haus im Ruhrgebiet zu erwerben. Wir hatten bereits Ausschau im Sauerland und Westerwald gehalten, als ich in der Zeitung von einem Haus in Stadtlohn las, im westlichen Münsterland, nahe der niederländischen Grenze. Schon die Anreise entlang der weiten Felder, mitten durch die Münsterländer Parklandschaft mit ihren vielen Wasserschlössern, war ein Genuss. Das Haus sagte uns zu, und ich war mir sicher, die richtige Entscheidung zu treffen. Die Infrastruktur schien uns perfekt. Eine anschließend durchgeführte Umgebungsbesichtigung führte uns auch zum romantisch anmutenden Marktplatz, der durch die St.-Otger-Kirche, einem majestätischen Gebäude, dominiert wird und von Rathaus und einem künstlerisch ansprechenden Brunnen gesäumt ist. Es war ein sonniger Frühlingstag. Wir ließen uns auf einer Bank inmitten blühender Frühjahrsblumen nieder, betrachteten die rotgeklinkerten Häuser und genossen ein Eis, als der Dechant höchstpersönlich angeradelt kam, laut und freundlich grüßte, unseren Kindern ein freundliches

«Na, schmeckt's?» zurief. Beinahe im selben Moment fiel mein Blick auf einen Kondomautomaten, der gegenüber der Kirche an einem Sanitätshaus angebracht war. In einer so wunderschönen, weltoffenen, wenn auch zu über 90% katholischen Gemeinde, in der die Gläubigen einen Kondomautomaten an einer derart «prekären» Stelle zuließen, konnte ich leben – dachte ich. Was ich damals nicht wusste, war, dass jener Kondomautomat erst wenige Stunden zuvor montiert und bereits montags aufgrund massiver Proteste aus der Bevölkerung wieder entfernt worden war.

Im Münsterland wird, wie wir nach unserem Hinzug feststellten, alles geweiht: Palmstöcke, Pferde, Industriebetriebe, Autos, bevor man mit ihnen in Urlaub fährt – um nur eine kleine Auswahl zu nennen. Die Statuten der Schützenvereine sind verbunden mit den Worten: Glaube, Sitte, Heimat.

Wir nahmen nie an der Messe teil, was für viele Dorfbewohner einen Affront darstellte. Wir mussten uns rechtfertigen und betonen, konfessionslos zu sein. Unsere Nachbarn fühlten sich persönlich durch diese Tatsache angegriffen, ohne dass wir sie jemals für ihren Glauben kritisiert hätten. Wir mussten uns vorwerfen lassen, dass wir unsere Kinder nicht getauft hatten, und wurden gefragt, ob wir kein schlechtes Gewissen haben würden, wenn unsere Kinder plötzlich versterben würden und als Heiden nicht in den Himmel kämen. Eine Dame wollte unsere Kinder am liebsten «heimlich nehmen» und taufen lassen. Wir sollten uns gefälligst einordnen, denn schließlich brauche man doch seine Nachbarn, wurde uns mitgeteilt.

Eine andere Nachbarin lud uns zum Gebetskreis ein. Mitglied dieses, wie sich herausstellte, fundamentalistischen Gebetskreises ist auch der heutige Bürgermeister (CDU), der zum damaligen Zeitpunkt ihr Vorgesetzter im Altersheim war. Unsere Nachbarin hielt es also durchaus für karriereförderlich, mit ihrem Chef zu beten. Ihr Sohn lebte seine Perversionen nicht nur als Messdiener, sondern gemeinsam mit seinem Freund an meinem damals fünfjährigen Sohn aus, indem er ihm die Hose herunterzog, sodass dieser entblößt dastand. Zu meinem anderen, damals zweijährigen, Sohn sagte er: «Knie nieder und piss dich an!»

Eine ebenfalls dem fundamentalistischen Gebetskreis angehörige Nachbarin grüßte mich abrupt nicht mehr und ging sogar dazu über, mir vor die Füße zu spucken, nachdem unser Atheismus bekanntgeworden war.

Die hiesige Kindergarten- und Schullandschaft ist extrem religiös, selbst in der örtlichen Musikschule hing ein riesiges Plakat mit der Aufschrift: «Willst du in den Himmel kommen, komm zu uns und werde Messdiener!»

Mein zweiter Sohn besuchte die Grundschule. Eines Tages kam er total aufgelöst nach Hause und berichtete, er sei von einem Mitschüler gefragt worden, warum er nicht am Religionsunterricht teilnehmen würde. Er erwiderte, er sei nicht katholisch. Was er denn dann sei, wurde er gefragt. «Nichts» habe er geantwortet. Aber alle Menschen seien doch katholisch. Folglich sei er kein Mensch, sondern ein Tier. Nur Tiere seien nicht katholisch. «Spinnst du? Du siehst doch, dass ich kein Tier bin», hatte mein Sohn geantwortet. Der andere Junge wusste nicht mehr weiter. Er hatte dafür keine Erklärung, wie ein augenscheinlicher Mensch nicht katholisch sein konnte. «Also doch ein Tier», zog er schließlich sein Fazit, «und mit Tieren spiele ich nicht.»

Als ich schließlich das Zeugnis meines Sohnes in den Händen hielt, staunte ich nicht schlecht. Bei Religion stand dort die Note «gut». Wie konnte das sein? Er hatte doch gar nicht daran teilgenommen! Es stellte sich heraus, dass er oftmals aus der Spielecke heraus eigene Kommentare zum Religionsunterricht abgegeben hatte, weil er ihn zwangsweise mitbekam. Ich erinnere mich gut daran, dass er einmal total aufgebracht aus der Schule gekommen war und sich empörte, jetzt seien alle durchgeknallt: Im Religionsunterricht sei behauptet worden, dass Nichtchristen nicht so lange leben würden wie Christen. Da hatte er sich zu Wort gemeldet und gesagt: «Guckt mich an, ich bin genau so alt wie ihr! Und meine Eltern leben auch noch beide! Und meine Oma ist noch viel älter, und die lebt auch noch immer, obwohl sie aus der Kirche ausgetreten ist!» Einige Kinder kamen daraufhin immerhin ins Überlegen. Sie meinten: «Später musst du dafür aber bestimmt in die Hölle.» – «Das lasst mal meine Sorge sein», hatte ihnen mein Sohn entgegnet.

Doch nicht nur im schulischen Umfeld, sondern auch im Berufsleben machte sich der Einfluss der katholischen Kirche bemerkbar. So lernte ich Menschen kennen, die längst nicht mehr mit der Lehre der katholischen Kirche einverstanden waren, aber nicht aus der Kirche austraten, weil sie um ihre wirtschaftliche Existenz hätten fürchten müssen. Isolation wäre die Folge und mit ihr der Existenzverlust. Dies gilt für Kindergärtnerinnen ebenso wie für Geschäftsleute, Handwerker, Rechtsanwälte oder Ärzte. Im Münsterland ist keine Berufsgruppe davon ausgenommen. Man würde mit Normen brechen, die Gesellschaft würde sich attackiert fühlen, auch wenn sie es natürlich gar nicht wird.

Uns selbst ist mehrfach nicht nur damit gedroht worden, sondern es ist auch versucht worden, meine Selbständigkeit als Nachhilfelehrerin zu unterbinden. Behördliche Genehmigungen wurden jahrelang verschleppt (man kennt sich eben), Nachbarn hielten Kunden an und berichteten, wir seien unmögliche Menschen, zu denen man seine Kinder besser nicht in die Nachhilfestunde bringe. Sie schickten uns mehrfach unbegründet das Jugendamt auf den Hals und bedeckten uns mit haltlosen Anzeigen bezüglich Kindesmisshandlung. Die Leiterin des Jugendamtes fand unsere Familie aber immerhin so ungefährlich, dass ihre eigene Tochter Nachhilfeunterricht von mir bekam. Meine Nachbarn ließen nichts aus, um uns zu diskreditieren und zu vertreiben. Sie scheuten auch vor massiven Sachbeschädigungen nicht zurück und hatten überlegt, uns eine niederländische Schlägertruppe auf den Hals zu hetzen. Davon ließen sie jedoch ab, weil sie damit rechneten, dass mein Mann als Polizeibeamter seine Waffe zu Hause haben und unter Umständen auch davon Gebrauch machen könnte. An dieser Stelle könnte ich einen ganzen Roman einfügen. Und das alles nur, weil wir uns nicht in die «christliche» Gemeinde einfügen wollten. Dabei habe ich immer gedacht, wenn mich meine Mitmenschen erst mal richtig kennenlernen würden, würden sie merken, dass ich ganz umgänglich bin. Aber sie gaben uns keine Chance.

Irgendwann war ich an dem Punkt, an dem ich dachte, ich will nicht mehr, ich kann nicht mehr, ich halte es nicht mehr aus. Ich war restlos verzweifelt, und meine Familie auch. Wir haben viel geweint, uns manchmal angeschrien und gegenseitig Vorwürfe gemacht. Wir fragten uns immer wieder: Was haben wir falsch gemacht? Welche Schuld tragen wir? Ist es nicht besser, in die Kirche einzutreten, unsere Kinder taufen zu lassen? Bin ich ein schlechter Mensch, ein schlechter Nachbar? Kann ich das meinen Kindern noch zumuten? Bin ich verrückt? Kann ich mich wirklich diesem Irrsinn anpassen? Kann ich so tun, als ob ich mich anpasse? Bin ich noch ich, wenn ich nachgebe? Ist es nicht viel einfacher nachzugeben, mit den Wölfen zu heulen?

Ich kam zu dem Schluss, dass überall, wo wir uns ein Haus hätten leisten können, ähnliche religiöse und soziale Strukturen herrschen wie im Münsterland. Im Sauerland sei es auch nicht viel besser, wusste eine alte Klassenkameradin zu berichten. Hinzu kommt die Tatsache, dass mein Mann Polizeibeamter ist und landesweit denselben Dienstherrn hat. Nicht nur Personalakten, sondern auch Gerüchte und Flurfunk eilen einem dort voraus. Beruflich würde sich also nichts verbessern. Im Gegenteil. Hier wissen doch noch einige, welches Unrecht ihm widerfahren ist, und einige Kollegen bewundern ihn für sein Durchhaltevermögen und sein Rückgrat.

Mit der Zeit überkam mich eine Mischung aus Wut und Verzweiflung. Ich wollte keinen Psychokrieg, sondern einfach nur in Frieden leben. Ich hatte kein Problem mit ihrem Katholizismus und ihrer CDU. Ich bin ein liberaler Mensch. Sie aber haben Probleme mit mir/uns. Wir waren die «Revolution im Paradies».

Irgendwann sagten wir uns: Mit uns nicht! An uns werden sie sich die Zähne ausbeißen. Schlimmer kann es sowieso fast nicht mehr werden. Und wir fingen an, nicht mehr nur Angriffe abzuwehren, sondern alle anzugreifen, die sich aktiv an dem Kesseltreiben beteiligt hatten.

Wir haben das nicht alles erlitten und ertragen, ohne dass es einen Sinn gehabt hat. Durch meinen Nachhilfeunterricht habe ich schon so manchem Schüler auch mal eine andere Sicht der Dinge vermitteln, Anregungen geben können, die sie so nie erfahren hätten, ihnen z. B. aufgezeigt, dass Stadtlohn eben nicht «dat Hättken» (das Herz) der Welt ist, wie es im Heimatlied heißt.

Mut zum Weitermachen gab mir auch die Begegnung mit einigen Mitgliedern des IBKA. Es ist unheimlich beruhigend zu wissen: Es gibt noch mehr, die frei von religiöser Verblendung sind. Sie wohnen zwar nicht um die Ecke, aber es gibt sie. Ich bin nicht mehr allein, mir widerfährt Hilfe!

Danke!

ASTRONOM AMBROSIUS GRÜNKERN HATTE SEIN TELESKOP GERADE AUF DEN UNENDLICH GROSSEN KOSMOS SCHARF GESTELLT, DA KLEBTE IHM WIEDER SO EIN KLEINER GOTT AUF DER LINSE.

«Ich genieße den Anblick eines Regenbogens noch genauso wie in der Zeit, bevor ich von der Lichtbrechung erfuhr.»

Tobias Fromme, 28, Doktorand der Biologie, ledig

Aufgewachsen bin ich in einem katholischen, aber nicht übertrieben strenggläubigen oder konservativen Elternhaus. Die meisten religiösen Belange wurden schlicht als selbstverständlich behandelt und nur selten forciert. So ging ich etwa seit dem achten Lebensjahr jeden Sonntag in die Messe, die Teilnahme an Erstkommunion und Firmung stand von vornherein fest. Ich war mehrere Jahre Messdiener, später dann Organist in unserer Dorfkapelle.

Meine Erfahrungen mit der Kirche waren eigentlich durchweg positiv. Der Dorfpfarrer meiner Kindheit war ein unheimlich liebenswerter Mensch. In meiner Jugend war ich vergleichsweise engagierter Christ; ich habe öfter an katholischen Ferienfreizeiten teilgenommen und später selbst solche Gruppen geleitet. Beides weniger aus religiöser Überzeugung als aus Spaß an der Sache an sich und weil die Freizeitangebote der Gemeinde immer wieder neue Freunde, Urlaube und Lebensfreude generiert haben. Die obligatorischen Gebete, Gottesdienste und Diskussionen hatten damals keinen «störenden» oder negativen Beigeschmack für mich, sondern haben, im Gegenteil, durch ihren spirituellen Touch und ihre Gewichtigkeit durchaus noch Erlebnischarakter hinzugefügt. Auf der Suche nach derartigen Erfahrungen habe ich auch mehrmals Angebote eines Klosters in Anspruch genommen, wo sich junge Menschen in Exerzitien zusammengefunden haben. Die Freundlichkeit der Menschen, die Verbundenheit miteinander und das Gefühl, Teil einer Gemeinschaft zu sein, haben mir damals zusammen mit spirituellen Erlebnissen sehr viel gegeben, Zweifel hin oder her.

Ein klares Datum für meine Distanz zur Religion/Kirche gibt es nicht. Es handelte sich – wie wohl bei den meisten Menschen – eher um einen langen Prozess als um ein einschneidendes Ereignis. Mit Überzeugung aus der Kirche ausgetreten bin ich in der Anfangsphase meines Studiums, etwa 1999, im Alter von 21 Jahren. In etwa seitdem bin ich von der Nichtexistenz Gottes oder anderer übernatürlicher Kräfte überzeugt. War es anfangs schlicht der Gedanke, dass das alles doch nichts für mich ist, so hat sich in den Jahren danach bis heute eine starke Abneigung gegen Religionen und anderen Aberglauben dazugesellt.

Der erste «religionskritische» Gedanke, an den ich mich bewusst erinnere, war bereits als Kind der Gedanke an den Tod. Ich habe mich gefragt, wie ich Angst haben kann, wenn ich doch an den Himmel glaube, und mich selbst in der Zwickmühle wiedergefunden, ob ich denn wirklich fest glaube. Das hat mich aber nicht weiter geprägt oder zum Weiterdenken angeregt. Als Jugendlicher habe ich mir häufig Fragen gestellt nach dem Muster: «Ja, wie kann denn das sein?», habe mich aber immer wieder mit katholischen Wischiwaschi-Antworten zufriedengegeben. Ich habe eher daran geglaubt, dass ich etwas nicht verstehe, als dass all diese Menschen um mich herum irren. Mit etwa 16 oder 17 Jahren wurde mein Zweifel dann langsam manifester. Ich erinnere mich an eine Ferienfreizeit mit zwei jungen angehenden Priestern in einer Berghütte. Dort war ich dann so weit, dass ich die beiden beiseitenahm und ihnen meine Zweifel gestand. Das Ganze hatte beinahe den Charakter eines Hilferufs, und ich hatte gehofft, sie würden mich überzeugen können, dass ich irre. Ich habe sie über Zeichen der Existenz Gottes befragt bis hin zum Wesen der Liebe und dachte, dass sie doch diese Antworten haben müssten, wenn sie sich sogar entscheiden, Priester zu werden. Nun, sie hatten keine guten Antworten, gar nichts. Immer nur das Übliche: «Du musst das glauben. Glauben heißt ja auch nicht wissen», und Derivate davon. Seit damals ging es bergab mit meinem Glauben. Ich habe danach zwar auch nochmal in der Gemeinde Gruppen geleitet und Ähnliches, aber ohne Überzeugung.

Etwa seit der gymnasialen Oberstufe hat dann mein zunehmendes naturwissenschaftliches Wissen an Einfluss gewonnen. Ich war schon immer sehr interessiert an den Naturwissenschaften und habe in ihnen wunderbare Erklärungen für die Welt und das Leben gefunden. Es gab da regelrecht leuchtende Momente der Erkenntnis, in denen einem plötzlich «alles» klarwird (bezogen auf einen isolierten Themenkomplex). Gleichzeitig wurden immer wieder neue Türen aufgestoßen, hinter denen man noch unendlich viel mehr Wissen sehen konnte. Alles war so viel logischer, stringenter, schlüssiger als Erklärungen und Lebensanleitungen aus der Religion. Als diese Welt auf mein stark geschwächtes religiöses Immunsystem traf, war eigentlich alles gelaufen. Während meiner beiden letzten Schuljahre hat Religion jede Bedeutung für mich verloren; ich habe sie schlicht ignoriert. Ich war nur noch auf dem Papier Christ. Mit Beginn meines Biologie-Studiums habe ich dann nur noch den konsequenten, letzten Schritt getan und bin aus der Kirche ausgetreten.

Ich habe die Wissenschaft und die Vernunft. Die Wissenschaft ersetzt mir jegliche religiöse Aussage über Beschaffenheit und Herkunft der Welt und des Lebens. Die Vernunft gibt mir den notwendigen Halt und den Handlungsspielraum im Leben.

Den Sinn des Lebens gebe ich mir selbst. Aus der Natur heraus habe ich keinen «Sinn». Selbst wenn jemand argumentiert, Fortpflanzung, Selbsterhaltung etc. seien doch der Sinn eines Individuums einer Spezies, stimme ich nicht zu. Der Mensch ist evolviert, weil er sich so verhalten hat (kausal), das zwingt mir allerdings keineswegs dieses Verhalten auf (final). Andererseits habe ich Bedürfnisse, deren Befriedigung mich glücklich macht. Und glücklich zu sein, ist mein selbstgewählter Sinn des Lebens (teilweise selbstgewählt natürlich, größeren Einfluss hat da wohl einfach die «Konstruktion», haben die Anlagen meines Körpers). Wenn man langfristig genug denkt, unterscheiden sich meine Handlungen mit dem Ziel, glücklich zu sein, gar nicht von denen eines Menschen, der sein Leben einem vorgegebenen, höheren Sinn widmet. Denn ich unterstelle, dass auch dieser Mensch im Grunde nur das tut, was ihn glücklich machen könnte (z.B. ist auch das Gefühl der «Pflichterfüllung» durchaus manchmal ein gutes).

Der Tod. Letztes großes Problem eines Atheisten. Ich komme auch ohne Gott und Himmel halbwegs mit dem Gedanken der Nichtexistenz klar, da der Tod im Grunde völlig egal ist. Wenn er eintritt, werde ich nicht darunter leiden, da ich ja gar nicht mehr existiere. Dennoch ist in jedem Menschen von Natur aus die Angst vor dem Tod fest verankert, und ich habe keinen Himmel, um mich zu beruhigen. Mir bleibt eben nur der feste Vorsatz, mein Leben zu genießen und anzunehmen, was definitiv nicht zu ändern ist. Zugegebenermaßen schwierig, denn noch immer ist die Angst vor dem Tod vorhanden. Aber ich komme mit ihr klar, wenn auch ein wenig durch Verdrängung (bewusst gewählt als probates Mittel).

Die Liebe. Nur weil sie nicht übernatürlich oder göttlich ist, schmälert es die Empfindung und die Deutung keineswegs. Ich genieße den Anblick eines Regenbogens noch genauso wie in der Zeit, bevor ich von der Lichtbrechung erfuhr. Ich höre immer: «Aber wenn das doch NUR Chemie ist …», und kann da nur auf andere Emotionen verweisen. Wie intensiv fühlt sich Angst an oder Ehrfurcht oder Freundschaft oder Ekstase oder, oder, oder? Und zweifelt jemand daran, dass es sich hier nicht um etwas Übernatürliches handelt? Wie könnte Angst sonst eine Nebenwirkung eines Medikamentes sein? Wie könnten Drogen euphorisch oder glücklich machen? Genauso ist die Liebe zwar eine wunderbare und starke Emotion, aber eben rational erklärbar. Das schmälert weder ihre Bedeutung noch ihre Schönheit für mich.

Anfänglich, während meiner «Umschwenkphase», war das alles schon problematisch. Es dauerte ein wenig, bis ich auf die Lebensprobleme eine eigene Antwort gefunden hatte, statt die vorgefertigte religiöse zu verwenden. Mut hat mir gemacht, dass ich tatsächlich immer wieder Lösungen gefunden habe und daher davon ausgegangen bin, dass auch verbliebene Probleme lösbar sind. Mittlerweile begreife ich mein Leben und alle zentralen Probleme darin als wesentlich chancenreicher als zuvor. Dass ich selbst Herr meines Lebens und seines Sinns bin, ist psychisch nicht belastend, sondern befreiend.

Wirklich angeeckt bin ich mit meinem Atheismus selten. Meine Eltern haben meine Entscheidung ohne jedes Problem akzeptiert, meine Freunde sind in dieser Hinsicht ohnehin größtenteils meiner Meinung.

Weg von Emotionen begreife ich objektiv gesehen mein Leben als wesentlich angenehmer, chancenreicher und selbstbestimmter als das gläubiger Menschen. Versteht man den Begriff «Position» in der Fragestellung als «Diskussionsstandpunkt», fühle ich mich glasklar und haushoch überlegen, was einfach daran liegt, dass es keine fairen (!) Argumente für Religionen gibt, die ich mir nicht zutraue, in kleine Stücke zu zerlegen.

Ich kann nur jeden ermutigen, sich nicht derart lange zweifelnd an einen Strohhalm zu klammern, wie ich das getan habe. Wenn man doch eigentlich tief in sich selbst weiß, dass mit diesen Gottgeschichten etwas nicht stimmen kann, dann schiebe man das nicht einfach zur Seite und mache sich selbst etwas vor, sondern beginne das Denken! Es gibt wunderbare Erklärungen für alles, was die Kirche Gott anlastet, und alle sind in sich stimmig und legen eine großartige Grundlage dafür, sein eigenes Leben in die Hand zu nehmen und sich selbst Ziele zu geben.

Ich kann nur jeden ermutigen, sich Wissen anzueignen, so viel er kann, und zu versuchen, es in ein Weltbild mit und ohne Gott einzubauen. Bei jedem weiteren Steinchen Wissen wird man merken, dass man es einfach so perfekt in das «Ohne-Gott-Mosaik» einsetzen kann, während man es für das «Mit-Gott-Mosaik» immer wieder drehen, wenden, verkanten und verbiegen muss, bis es passt.

«Meiner Meinung nach sollten die Menschen ihre Gläubigkeit umwandeln in Naturbewusstsein, in Umweltbewusstsein, in Wertschätzung des Lebensraums.»

Nina Vorbrodt, 36, Schauspielerin, Köln, verheiratet, ein Kind

Ich wollte als Kind schon immer Schauspielerin werden und wurde von meiner Mutter glücklicherweise sehr unterstützt, habe viel Schultheater gemacht und einen sehr netten Musiklehrer gehabt, der immer sagte: «Liebschen, aus dir wird ma wat.» Ich war nach dem Abitur ein halbes Jahr in New York, um mir die Welt ein bisschen anzugucken, habe da eine Weile eine Schauspielschule besucht, später auch noch in Los Angeles, was mir aber nicht so gut gefallen hat. Mir ist klargeworden, dass ich ein sehr natürlicher, spontaner, «Aus-dem-Bauch-heraus»-Mensch bin, der mit dem ganzen verkopften Schauspielerzeug nicht viel anfangen kann. Ab da hat es dann ganz gut geklappt mit Engagements in Fernsehserien, Filmen. Jetzt mache ich seit einigen Jahren hauptsächlich «Sechserpack», eine Sketch-Comedy auf Sat.1. Mit 23 habe ich geheiratet, mit 28 ein Kind bekommen und lebe glücklich und zufrieden in meiner Heimatstadt Köln am Rhing.

Mein Vater war zwar evangelisch, hatte aber mit Kirche gar nichts am Hut. Meine Mutter kommt aus einem sehr gläubigen, katholischen Haus. Da bei uns hauptsächlich sie die Erziehung übernommen hat, sind wir – jedoch meistens nur an Weihnachten – in die Kirche gegangen. Sie hat uns aber von klein an alle biblischen Geschichten erzählt. Meine Mutter ist Pädagogin und hat das alles sehr kindgerecht verpackt. Wir hatten Bücher wie «Meine erste Bibel», mit Bildern. Und dann bin ich mit fünf Jahren zur Frühkommunion gegangen, in der Schule meiner Mutter, die Lehrerin in einer Körperbehindertenschule war. Als Lehrerkind konnte ich da mit zur Kommunion gehen, das war vom

Alter unabhängig. Meine Mutter hat im Kirchenchor gesungen, ich habe das auch eine Zeitlang gemacht, habe dann öfter mal sonntags in der Kirche gesungen. Das hat mir Spaß gemacht. Wir hatten für damalige Zeiten auch einen recht fortschrittlichen Pfarrer, mit Bongos und Kongas und Gitarre. – Aber als ich von der Grundschule aufs Gymnasium kam, war Kirche eigentlich total out. Ich bin zwar zweimal mit dem CVJM in Zeltlager gefahren, aber dann im Jahr darauf mit den Falken, der sozialistischen Jugend Deutschlands. Das war natürlich das krasse Gegenprogramm, also nix mit «Jungen und Mädchen getrennt», was ich erst mal schockierend fand – woran ich mich aber dann schnell gewöhnt habe. Meine beste Freundin und ich sind zu Beginn immer nachts duschen gegangen, weil da nicht viel los war. Das hatte sich aber, wie gesagt, ganz schnell erledigt.

Mit 16 habe ich angefangen, bei der Lindenstraße mitzuspielen. Als ich meine Lohnabrechnung bekam, stand da auf einmal: 66 Pfennig Kirchensteuer, da war ich total schockiert, das weiß ich noch – darüber, dass da von meinem Geld einfach so, ohne mich zu fragen, für die Kirche was abgezweigt wurde. Zu der Zeit war ich ziemlich auf dem sozialistischen Trip, mit «Religion ist Opium fürs Volk» und so weiter. Damals bin ich auch in eine sozialistische Gruppe gegangen, einmal die Woche, wo richtig politische Arbeit geleistet wurde, Aufklärungsarbeit. Wir haben Aktionen vorbereitet, geplant und durchgeführt, Demos organisiert. Erster Mai, immer vorne, fahneschwenkend mit dabei! Beim CVJM dagegen haben wir am Lagerfeuer mit der Gitarre gesungen.

Was die Kirche betrifft: Ich dachte, das sei alles Humbug, die Geschichten, die da erzählt werden, alles Märchen. Und der Papst: Was für ein Idiot! Damals wurde gerade an der Elfenbeinküste ein Dom für den Papst eingeweiht und ihm geschenkt, wo nebenan die Leute verhungerten. Das war für mich der ausschlaggebende Punkt zu sagen: «Nee. Die kriegen keinen einzigen Pfennig von mir.» Und dann bin ich am nächsten Tag sofort mit meinem Ausweis zum Amtsgericht und ruck, zuck ausgetreten, erledigt, das war's! Seitdem nicht mehr eingetreten!

Mein jetziger spiritueller Stand ist, dass ich auf keinen Fall an Gott glaube, schon gar nicht so, wie er von der katholischen Kirche propagiert wird. Wenn ich mal in die Kirche gehe, zum Beispiel, um meine Mutter Weihnachten im Kirchenchor singen zu hören, mag ich die Musik auch sehr gerne. Aber ich merke, dass sich mir der Hals zuschnürt, wenn ich da reinkomme. Nicht, weil ich irgendwelche schlechten Erfahrungen gemacht hätte oder Ähnliches, sondern einfach alleine durch die Atmosphäre. So eine Kirchenatmosphäre empfinde ich nicht als warm und spirituell, sondern: Ich komme da rein, und es ist grundsätzlich immer kalt, es ist immer dunkel, oft mag ich die Gerüche nicht. Ich erinnere mich noch, dass mir als Kind vom Weihrauchgeruch schlecht geworden ist, ich rausgegangen bin und – ohne Scheiß! – gekotzt habe. Diesen Geruch kann ich nicht leiden. Ich finde Kirchen oft von außen sehr schön, so verschnörkelt und gotisch, das mag ich gerne. Mir ist das dann irgendwann nochmal ganz bewusst geworden, als ich in Thailand war und wir da in sämtlichen buddhistischen Tempeln waren, wo die Kinder schreiend rumliefen, alles in Orange und Gelb getaucht war, Kerzen, Wohlgerüche mit Räucherstäbchen, man durfte sich in einer normalen Lautstärke unterhalten. Da herrschte Leben drin. Und ich mag das überhaupt nicht, wenn ich in eine Kirche komme und dann gleich klar ist: «So, jetzt muss man ganz leise und ehrfürchtig sein». Ich mag das nicht, dieses *Tote*. Diese Atmosphäre ist für mich so tot. Kalt, dunkel, leise, es stinkt.

Und wenn ich bei den vorhin erwähnten sporadischen Kirchenbesuchen zwangsläufig die Predigten mit anhören muss, passiert es mir ganz oft, dass ich nach ungefähr 10 bis 15 Sekunden einer Predigt so was von auf 180 bin, weil ich das nicht verstehen und nachvollziehen kann, wie man einen «Gott», für den es ja letztlich keinen Beweis gibt, so hochpreisen kann – in Worten, die so was von *unterwürfig* sind. Wenn ich Sätze höre wie: «Der Allmächtige, der Herr über Mensch und Tier, der Liebende, liebevolle, fürsorgende Lebensschenker» – da werde ich sauer, weil ich im selben Moment denke: Wie kann man denn so was von jemandem behaupten, der es zulässt, dass Kinder in Afrika nur geboren werden, um bald wieder zu sterben, weil sie nichts zu essen kriegen? Wie kann jemand hochgelobt werden, der es zulässt, dass so viel Elend und so viel Ungerechtigkeit auf dieser Welt herrschen, der dumme Menschen hervorbringt, die ihre Umwelt verschmutzen, die kein Gewissen haben und so weiter und so fort? Das macht mich so wütend, dass ich mich kaum beherrschen kann. Und ich bin sonst ein sehr gelassener Typ! Ich war schon oft kurz davor, in die Kirche zu brüllen, was das denn für ein toller Gott sein soll, der solche Sachen geschehen lässt. Und wenn ich dann mal mit jemandem, der wirklich gläubig ist, Diskussionen darüber führen möchte, heißt es immer: «Ja, aber Gott hat uns doch in die Hand gegeben, wie wir jetzt die Welt zu verwalten haben.» Gut. Aber dann braucht er auch nicht die ganze Zeit gelobt zu werden.

Für mich ist ganz klar der Urknall der Ursprung der Erde. Und meine «Gottheit» ist schlicht und einfach Mutter Natur! Damit kann ich etwas anfangen: Die Entwicklung, die Entstehung der Welt, die Evolution ist für mich ein Ding von unschätzbarer Genialität. Ich sehe sehr gerne Naturdokus oder Sendungen wie «BBC exklusiv» über das Gehirn oder die Entstehung des Kindes oder über Savants. Und wenn ich mir angucke, was es für biologische Prozesse gibt und wie das alles zusammenspielt – es ist ein Wunder, wie diese Evolution stattgefunden hat. Und es ist auch ein Wunder, wie der erste Einzeller entstanden ist. Ich bin keine Evolutionsbiologin, aber irgendwie muss es ja passiert sein. Und zwar nicht so, dass es jemanden gab, der das alles gestartet hat. Woher kam denn dieser «Jemand»? Das ist ja schon der erste Widerspruch im christlichen Glauben, der ursprünglichste.

Mit den ganzen frauenfeindlichen Ansätzen, die Kirche und Bibel vertreten, will ich gar nicht erst anfangen. Das beginnt ja schon mit der Schöpfungsgeschichte, dass Eva nur ein Teil vom Mann und die Böse sein soll. Wie bescheuert ist das denn?

Und die Kirche: Da fällt mir Intoleranz ein, gegenüber Homosexuellen, gegenüber Frauen. Was soll das, in Afrika Kondome zu verbieten? Wo ist denn da der Respekt vor dem Leben? Es heißt, sie werden verboten, um das Leben zu schützen, aber es ist doch viel grausamer, ein Leben erst entstehen zu lassen, um es dann, vielleicht nach drei, vier Tagen oder auch ein, zwei Jahren kümmerlichst, grausamst wieder sterben zu lassen, weil es nicht gut versorgt werden kann. Was soll das heutzutage? Ich finde die Kirche immer noch sehr rückschrittlich. Ich verstehe nicht, wie man sich in der heutigen Zeit manchen Dingen so verschließen kann. Das ist schon merkwürdig. Auch das Zölibat finde ich Schwachsinn – eine Sexualität, die in jedem Menschen von Natur aus vorhanden ist, zu unterdrücken. Und dadurch wiederum Missbräuche zu schüren. Schön unterm Mäntelchen, unter der Decke dann wieder Kinder leiden zu lassen. Die Menschen sollten ihre Gläubigkeit umwandeln in Naturbewusstsein, in Umweltbewusstsein, in Wertschätzung des Lebensraumes, Respekt davor …

Das würde ich den Leuten gerne mitgeben, so haben wir das damals bei den Falken jedenfalls gemacht, sehr viel zum Thema Umweltschutz. Das gebe ich jetzt in erster Linie an meine Tochter weiter. Und ich bin ganz stolz, wenn ich merke, dass sie das übernimmt. Das hat für mich mit dem folgenden Grundrespekt schlechthin zu tun: Wenn ich meinen Lebensraum nicht respektiere, wie kann ich dann mein eigenes Leben respektieren? Wie soll das denn fortbestehen, wenn ich nicht sorgsam damit umgehe?

Ich muss gestehen, ich habe die Bibel nie komplett gelesen – aber die Geschichten, die ich kenne, sind meiner Ansicht nach im Laufe der Jahrhunderte aufgebauscht worden. Für mich besteht zum Beispiel kein Zweifel daran, dass Jesus gelebt hat. Das glaube ich schon, und dass das bestimmt ein ziemlich abgefahrener Typ war, der besondere Fähigkeiten hatte, Menschen zu mobilisieren oder zu beeinflussen. Ein Guru von mir aus, oder ein Yogi, keine Ahnung. Aber der ist bestimmt nicht über das Wasser gegangen. Und hat auch bestimmt kein Wasser in Wein verwandelt. Ich gehe auch nicht davon aus, dass er all die anderen Wunder vollbracht hat, die er vollbracht haben soll. Und so verhält es sich eben auch mit Gott.

Vorhin war ich ja beim Thema «Mutter Natur». Wenn ich darüber nachdenke, fällt mir ein, dass ich an eine Art kosmische Energie glaube. Dazu passt die Idee vom Positiven Denken zum Beispiel, in dem Sinn, dass man das, was man ausstrahlt, auch zurückbekommt. Was ja schon irgendwie etwas Übersinnliches ist. Was Übersinnlicheres als etwa: «Guten Tag, ich hätte gerne eine Packung Milch.»

Das ist schon vergleichbar mit einem Glauben an einen Gott. Aber eben auf einer anderen Ebene. Dieses An-Gott-Glauben hat immer so etwas Bettelndes, Unterwürfiges, aber was ich meine, geht eher in die Richtung: «Wow, ich mache das, ich nehme es in die Hand!» Ich nenne es «What you give is what you get», «Bestellung beim Universum». Es hat einfach damit zu tun, was man selber ausstrahlt.

Ich bin dankbar, dass ich eine glückliche Kindheit erleben durfte, dass mir viel erlaubt wurde, um selbständig zu werden, ich ein gutes Selbstbewusstsein entwickeln konnte. Und das hat ziemlich viel mit dieser positiven Lebenseinstellung zu tun. Jemandem, der eine schlimme Kindheit hatte, in früher Prägung Dinge zu hören bekommen hat, wie «Lass das, du kannst das nicht, lass es sein, du bist doof», dem kann ich schlecht sagen: «Mensch, nimm es nicht so schwer.»

Der Sinn in meinem Leben hat sich bei der Geburt meiner Tochter stark verschoben: Im Grunde ist es mittlerweile der Hauptsinn für mich, mein Kind zu versorgen, zu erziehen, zu erleben. Es ist wunderschön, so ein Kind wachsen zu sehen und seine Entwicklungsstufen mitzuerleben. Das macht mich unheimlich stolz, aber auch oft traurig und hilflos. Dann ist es wiederum schön, wenn man aus einer schwierigen Situation etwas Gutes rausgeholt hat, gewachsen ist, gelernt hat.

Meine Arbeit macht mir auch sehr viel Spaß. Ich bin immer froh, wenn ich arbeiten gehen darf, und habe es ja ganz gut erwischt mit meinem Job, bei dem man sich – ich drücke das jetzt mal etwas krass aus – nicht den Arsch abarbeiten muss und trotzdem finanziell gut über die Runden kommt. Das bedeutet auch viel Freizeit, die mir sehr wichtig ist, sowie wirklich Zeit für mich alleine zu haben. Also, dass meine Tochter vormittags im Kindergarten ist und ich ich sein kann, ohne dass es alle drei Sekunden «MAMA, Mama, Mama» geht. Das kann sehr anstrengend sein.

Ich glaube eigentlich nicht, dass die Kirche im Speziellen einzig und alleine dazu prädestiniert ist, Werte zu vermitteln. Der Grundgedanke der Nächstenliebe ist zwar ein sehr schöner. Und vielleicht gibt es auch den einen oder anderen Menschen, der erst auf die Idee kommt, Nächstenliebe zu betreiben, wenn er es eben mit dem Christentum zu tun bekommen hat. Vielleicht hätte er sich in manchen Fällen nicht so entwickelt, wenn er nicht in der Kirche gewesen wäre. Das will ich gar nicht bestreiten. Und dass die Kirche viele gute Werte zu vermitteln hat, will ich auch nicht bestreiten. Aber ich halte es nicht für unbedingt notwendig, in der Kirche zu sein, um ein guter Mensch zu werden oder zu sein.

Ich denke, meine Mutter hat mich zu einem guten Menschen gemacht. Mein Mann natürlich auch.

«Für mich persönlich ist das Leben ohne Religion und Glaube nicht ärmer, sondern erheblich reicher geworden.»

Hans-Georg Rüter, 53, Schulleiter, Horn-Bad Meinberg, verheiratet, drei Kinder

Meine religiöse Sozialisation ist sehr regionaltypisch verlaufen. In meiner Geburtsstadt Bielefeld war und ist die Bevölkerungsmehrheit evangelisch. Taufe und Konfirmation gehörten in den 50er und 60er Jahren ohne jeden Zweifel zum Leben heranwachsender junger Menschen. Ebenso selbstverständlich waren auch für mich im Kleinkindalter religiöse Gute-Nacht-Gebete. Ansonsten wurde mit dem «lieben Gott» nur gedroht: «Der liebe Gott sieht alles, Gott bestraft Fehlverhalten.» Darüber hinaus gab es in unserer Familie keine religiösen Handlungen. Obwohl sich meine Eltern mir gegenüber ausdrücklich zum Gottesglauben bekannten, haben beide nicht am Gemeindeleben ihrer Gemeinde teilgenommen. Gottesdienstbesuche hat es nur in Verbindung mit Taufe, Konfirmation, Tod und Weihnachten gegeben. Meine religiöse Erziehung haben meine Eltern nahezu ausschließlich Schule (Religionsunterricht) und Kirche (Konfirmationsunterricht) überlassen. Nach der Konfirmation bzw. dem Religionsunterricht in der Schule hat es meinerseits keine inhaltliche Auseinandersetzung mehr mit dem Glauben gegeben. Eigenen Zweifeln am Glauben bin ich aus Bequemlichkeit bzw. Desinteresse nicht nachgegangen. Aus einer gewissen Rückversicherungsmentalität heraus (vielleicht ist ja doch etwas dran am Gottesglauben, und dann kann es ja nicht schaden, wenn man Mitglied der Kirche geblieben ist) habe ich mich über viele Jahre noch nicht einmal mit dem Gedanken beschäftigt, die Kirche zu verlassen.

Seit nunmehr gut zehn Jahren gehöre ich keiner Religionsgemeinschaft mehr an.

Vor ca. dreizehn Jahren wurde ich von meinem damaligen Schulleiter gebeten, vertretungsweise für ein Jahr in einer Grundschulklasse den Religionsunterricht zu übernehmen. Bereits bei den ersten Unterrichtsvorbereitungen kamen mir ernsthafte Zweifel, ob ich selbst an die von mir zu vermittelnden Inhalte glaube. Dies war für mich der Anlass, mich intensiver mit Kirche und Christentum zu beschäftigen. Mein erster Schritt bestand darin, die Bibel zu lesen. Bis dahin kannte ich nur wenige, offensichtlich «gut»ausgewählte Bibelstellen. Überrascht und erschrocken musste ich feststellen, dass der Gott der Nächstenliebe Eroberungskriege befiehlt, Frauen, Kinder und Greise erschlagen lässt, eine grausame Blutjustiz einfordert, die Ausrottung Andersgläubiger befiehlt usw. Selbst einem Heer von Interpretationsakrobaten kann es nicht gelingen, mir dieses Verhalten schönzureden bzw. schönzuschreiben. Nach der Bibellektüre bin ich auf den Anti-Katechismus von Deschner/Herrmann gestoßen. Dies war für mich der Einstieg in eine umfangreiche religions- und kirchenkritische Lektüre und zugleich der Glaubensausstieg.

Wenn man die Trennung vom Glauben gründlich vollzogen hat, braucht man keinen Ersatz für einen Gott. Da der Sinn des Lebens nicht mehr im Jenseits liegen kann, muss man ihn im Diesseits, im Leben selbst suchen. Eine allgemeine Antwort auf die Sinnfrage scheint es mir nicht zu geben. Jeder muss versuchen, eine eigene Antwort, einen eigenen Sinn zu finden. Aus diesem Grunde habe ich mich mit Philosophie, Biologie (Evolution), Psychologie und Gehirnforschung beschäftigt. Dies habe ich als außerordentlich bereichernd empfunden, wenngleich für mich immer deutlicher wurde, dass es für das eigene, bescheidene kleine Leben keinen höheren Sinn gibt. Für mich liegt der Sinn ganz einfach in einem möglichst befriedigenden, fried- und freudvollen Leben bzw. Zusammenleben. Halt in meinem Leben erhalte ich von meinen Mitmenschen. Diesen bin ich auch in besonderer Weise verpflichtet, weil mir ein etwaiges Fehlverhalten meinerseits nicht von einer höheren Instanz, sondern immer nur direkt von meinen Mitmenschen verziehen werden kann. Nächstenliebe hat für mich einen außerordentlich hohen Stellenwert. Einen Gott brauche ich dafür nicht.

Die Loslösung vom Glauben habe ich für mich als Befreiung empfunden. Es handelte sich dabei um einen mehrjährigen Prozess (selbstverständlich war ich in dieser Zeit nicht ausschließlich mit Religionsfragen beschäftigt). Die intensive Auseinandersetzung mit Religion und Kirche hat mich in meiner Überzeugung sehr sicher gemacht. Ängste sind nicht aufgetreten.

In meinem privaten Umfeld ist meine Glaubenseinstellung bekannt und wird von allen Freunden und Bekannten toleriert. An meinem Arbeitsplatz (Schule) bin ich zur Neutralität verpflichtet. Ich halte die Neutralitätsverpflichtung insgesamt für sehr wichtig und komme dieser auch gewissenhaft nach. Meine Kollegen und Kolleginnen kennen meine Weltanschauung, bisher hat dies zu keinerlei Problemen geführt. Religionsunterricht erteile ich selbstverständlich nicht mehr. Als Schulleiter bin ich allerdings auch verpflichtet, darauf zu achten, dass der Religionsunterricht richtlinien- und lehrplangemäß erteilt wird. Dies stellt in der Tat für mich persönlich einen Konflikt dar, der allerdings keinen Einfluss auf meine Amtsführung hat.

Ich betrachte mich keineswegs als Missionar für Konfessionsfreiheit. Allerdings möchte ich die Menschen ermutigen, die wie ich nicht durch übermäßige frühkindliche religiöse Indoktrination zwanghaft an ihren Glauben gebunden sind, sich offen und vorurteilsfrei mit Religionsfragen zu beschäftigen. Dies gilt insbesondere für Menschen, die bereits Zweifel an ihrem Glauben haben, denen aber eine sachlich fundierte Grundlage fehlt. Unsere heutige Gesellschaft bietet jedem die Möglichkeit, sich umfassend zu informieren und so sein eigenes Urteil zu finden.

Für mich persönlich ist das Leben ohne Religion und Glaube nicht ärmer, sondern erheblich reicher geworden. Von der Einmaligkeit dieses Lebens überzeugt, führe ich mein Leben viel bewusster. Die Kenntnis um die sehr begrenzte Anzahl noch verbleibender Lebenstage macht jeden Tag zu einem besonderen Tag. Zukunftsorientierte Entscheidungen muss ich immer vor dem Hintergrund fällen, dass ich damit einen unwiederbringbaren Teil meiner Lebenszeit verplane. Dies ist gewiss nicht immer einfach, aber der bewusste Umgang vermittelt mir das Gefühl, meine Lebenszeit nicht zu verschwenden. Da ich nicht darauf hoffe, im Himmel fortzuleben, erhält dieses Leben für mich eine andere Bedeutung als für gläubige Christen.

Warum dieses öffentliche Bekenntnis zur Glaubensfreiheit? Nach meinem Kenntnisstand ist ein Drittel der Gesamtbevölkerung bereits konfessionsfrei. Diese riesige Bevölkerungsgruppe existiert in den Köpfen der Politiker und vor allen Dingen in den Medien aber nicht. Je mehr Menschen sich zu ihrer religionsfreien Weltanschauung bekennen, desto größer ist die Wahrscheinlichkeit, dass diese Gruppe öffentlich wahrgenommen wird und in die Bearbeitung wichtiger gesellschaftlicher Fragen mit einbezogen wird. Fragen der Ethik und Moral, zwei wohl zu unterscheidende Begriffe, dürfen nicht nur Kirchenvertretern und in diesem Bereich oft erstaunlich ahnungslosen Politikern überlassen werden. Hier müssen alle gesellschaftlich relevanten Gruppen mit einbezogen werden.

HEUTE NACHT ERSCHIEN MIR IM TRAUM EIN ENGEL UND MEINTE, ICH SOLL MIR RUHIG OFT UND OHNE SCHLECHTES GEWISSEN EINEN RUNTERHOLEN, DENN ICH BIN IN DER PUBERTÄT, UND DA FLIESST NUN MAL REICHLICH MILCH UND HONIG, UND DER TYP IM BEICHTSTUHL HÄTTE 'NE VERKORKSTE SEXUALITÄT UND SOLL MAL ZU DEM THEMA SCHÖN DIE KLAPPE HALTEN, AMEN.

«Sehr religiöse Menschen führen oft ein Leben, das fremdbestimmt zu sein scheint.»

Anonyma, 48, freie Journalistin, verheiratet, zwei Kinder

Aus Rücksicht auf meine Familie, den beruflichen Hintergrund meines Mannes und die schulische Laufbahn meiner Kinder möchte ich aufgrund der Tatsache, dass wir in einem «kreuzkatholischen Dorf» wohnen, anonym bleiben.

Meine Mutter (geb. 1920) war katholisch, mein Vater (geb. 1921) evangelisch. Religion, Glaube waren bei uns nie ein großes Thema, zur Kirche gingen wir nur zu Weihnachten. Zwar versuchten meine Eltern, mich ab und zu dazu zu bewegen, sonntags zur Kirche zu gehen, aber das gaben sie irgendwann auf. Ich erinnere mich, dass meine Mutter, als ich noch sehr klein war, beim Zubettgehen manchmal mit mir betete. Das waren eher ihre schwachen Momente (die mir dann aber sehr nahegingen), denn sie lehnte mich überwiegend ab. Der Grund ist, dass ich nicht hätte sein sollen: Meine Mutter war bereits 40 Jahre, als ich geboren wurde.

Meine Klassenlehrerin war eine ältere Frau, die nie geheiratet hatte und zeit ihres Lebens bei ihren Eltern wohnte. Sie war eine sehr strenge Katholikin, die uns im Religionsunterricht erzählte, dass Kinder, die getauft sind, in einem weißen Sarg beerdigt werden, ungetaufte dagegen in einem schwarzen Sarg, da diese Kinder mit der Erbsünde behaftet «vor Gott stehen würden». Gott: So manches Mal, gerade als ich noch recht klein war, versuchte ich, ihn um Hilfe zu bitten, wenn ich verzweifelt war, mal wieder Angst vor meiner Mutter hatte, weil sie mich schlug. Ich betete intensiv zu ihm, doch es kam keine Hilfe, nicht ein Zeichen. Nicht, dass ich meinte, Gott würde mir auf Knopfdruck helfen, aber wurde uns im Religionsunterricht nicht erzählt: Gott ist überall, allmächtig, und wenn man nur stark an ihn glaubte, dann würde man ihn finden?

Während der Schulmesse ließ ich versehentlich die Hostie fallen. Minutenlang stand der Pastor vor mir, blickte mich vor allen Mitschülern voller Hass an.

Als ich 14 war, starb mein Vater. In den vier Wochen, die er vorher im Krankenhaus lag, versuchte eine katholische Ordensfrau, den schwerkranken Mann zum Katholizismus zu bekehren. Mit einigem Erfolg, denn nach seinem Tod wollte ihn weder ein evangelischer noch ein katholischer Geistlicher beerdigen: Die Kirchensteuerzahlungen meines Vaters waren wegen der fortgeschrittenen «Umpolung» weder der evangelischen noch der katholischen Seite gutgeschrieben worden.

Ich war noch keine 18 Jahre alt, als ich meinen Mann kennenlernte und mit ihm ins benachbarte Ausland zog. Es war wohl eher eine Flucht vor meinem bisherigen Leben, das seit dem Tod meines Vaters ein gutes Stück einsamer war. Die Familie, in die ich hineinheiratete, war sehr stark christlich geprägt. Das Sagen hatte der Onkel meines Mannes, Leiter eines katholischen Behindertenheimes und Priesteramtskandidat. Wenn er bei meiner Schwiegerfamilie zu Besuch war, wurde mein schwerkranker Schwiegervater von seiner Ehefrau, Schwester des Geistlichen, komplett ignoriert, der fettleibige Geistliche ließ sich mit sichtlicher Genugtuung von vorne bis hinten bedienen.

«Die sollte man alle plattfahren» war ein Ausspruch des angehenden Priesters während einer Autofahrt, als vor ihm eine muslimische Fußgängerin mit Kopftuch seinen Weg kreuzte. Ich fragte mich wie schon in früheren Erfahrungen mit Christen, wo hier die berühmten christlichen Werte, insbesondere die christliche Nächstenliebe zu finden seien. Dieser Mann sollte und wollte uns kirchlich trauen, ich lehnte kategorisch ab. Hauptsächlich, weil ich schon lange nicht mehr an Gott glaubte, aber auch, weil ich weder ihm noch meiner heuchlerischen Schwiegermutter diesen Triumph gönnte. Von nun an war man mir von dieser Seite her recht feindlich gesinnt. Unsere Ehe bekam blaue Flecken, denn mein Mann hätte gerne kirchlich geheiratet. Doch bis heute hat sie Bestand.

Als ich 28 Jahre alt war, mittlerweile wohnten wir wieder in Deutschland, wurde unsere Tochter Sandra geboren, zweieinhalb Jahre später Marleen. Obwohl ich bei meiner Trauung das kirchliche Sakrament so konsequent abgelehnt hatte, wurden unsere Kinder getauft. Einige Monate nach der Taufe von Marleen brannte der Pfarrer, der unsere beiden Kinder getauft hatte, mit der Gemeindekasse durch.

Mit Rücksicht auf die beiden Mädchen, wir wohnten in einem sehr katholischen Dorf (8000 Einwohner), kamen sie auch zur Kommunion. Aus Angst vor Repressalien. Mir war sehr unwohl beim Anblick der Mädchen in ihren weißen Kleidchen, die wie Bräute aussahen, als ob sie mit einem imaginären Jesus verheiratet oder einem Gott versprochen wären. Doch ich habe mich meinen Kindern gegenüber nie negativ zu diesem Thema geäußert. Gefirmt wurden unsere Kinder nicht mehr, obwohl unsere Jüngste ein bischöfliches Gymnasium besuchte, denn beide Mädchen hatten mittlerweile geäußert, nicht an Gott zu glauben.

Nachdem wir vor ca. zehn Jahren einen Internetzugang bekamen, erschlossen sich mir ganz neue Wege, mich mit anderen Menschen, sowohl mit Christen als auch Atheisten, über religionskritische Themen auszutauschen und Informationen zu sammeln. Gespräche mit Christen konnten mich nicht von der Existenz eines Gottes überzeugen. Ich stellte fest: Je mehr diese mit dem konfrontiert wurden, woran sie glaubten, desto mehr stieß ich auf Selbstbetrug und Bigotterie. Von da ab wusste ich, wo ich hingehöre.

Ich stellte mir vermehrt Fragen wie diese: Wo war der «christliche Gott, als der Glaube an ihn mit Gewalt auf der Welt verbreitet wurde? Wo war er, der «Allmächtige», als Frauen zu Hexen erklärt und auf dem Scheiterhaufen verbrannt wurden? Warum hat «er» tatenlos zugesehen, als die Ureinwohner Südamerikas im Namen des Kreuzes (und der Krone) millionenfach ermordet und versklavt wurden, nur weil sie einen anderen Glauben hatten? Was ist das für ein Gott, der einerseits allmächtig sein soll, sich andererseits der Menschen als Werkzeuge bedienen muss, um seinen Willen durchzusetzen? Wozu braucht ein Gott Kirchen, die mit geraubtem Gold ausgeschmückt sind? Das sind Fragen, die mich mit zunehmendem Alter beschäftigten.

Der Umgang mit Menschen, die mir nahestehen, gibt mir Halt und meinem Leben einen Sinn. Da ich nie wirklich an einen Gott geglaubt habe, empfinde ich nicht, dass mir irgendetwas fehlt.

Ich fühle mich nicht unsicher, nur weil ich Atheistin bin. Ich habe keine Schwierigkeiten damit, mir eine Logik der Welt ganz ohne einen Gott zu erklären. Auch habe ich keine bestimmten Ängste, was mit mir nach meinem Tod geschieht.

Zu meinem Atheismus bekenne ich mich, falls ich zu diesem Thema gefragt werde, ohne Umschweife. Gelegentlich leide ich darunter, dass mein Mann zu religionskritischen Themen, die mich beschäftigen, kaum Stellung bezieht, geschweige denn seinen eigenen Standpunkt preisgibt. Ich glaube, dass die christliche Prägung seitens seines Elternhauses hier keine unerhebliche Rolle spielt. Nach über 28 Ehejahren könnte ich nicht mit hundertprozentiger Gewissheit sagen, ob er noch Christ ist.

Die Palette meiner Gefühle gegenüber Gläubigen reicht von Mitleid und Abneigung bis hin zur Hilflosigkeit. Mitleid, da sehr religiöse Menschen oft ein Leben führen, das fremdbestimmt zu sein scheint: zweckgebundene, tabuisierte Sexualität. Kanalisiertes Denken. Aufdiktierte Missachtung von Nicht- und Andersgläubigen (Bibel). Abneigung, weil vor allem Christen sich nicht mit den historischen Hintergründen ihrer Religion samt deren Folgen zu befassen scheinen, diese verleugnen bzw. sich trotzdem hierzu bekennen. Aber auch eine gewisse Hilflosigkeit ihnen gegenüber, da die Ansichten eines Menschen mit einem religiösen Bekenntnis vom Gesetzgeber geschützt sind, ein Atheist dagegen keine Lobby hat – ein Atheist darf laut Antidiskriminierungsgesetz beleidigt werden, da er keiner Religion zuzuordnen ist und er somit keine «religiösen Gefühle» haben kann, die beleidigt werden könnten.

«Ich habe kein einziges unlösbares Problem.»

Janosch alias Horst Eckert, 76, Illustrator, Kinderbuchautor und Schriftsteller, Teneriffa, ledig

Mit der Kirche habe ich die schlimmsten Erfahrungen gemacht. Ich ging als Kind in die Kirche wie zu einer Richtstätte. Ich wusste schon damals, dass Ungläubige und Hexen im Mittelalter lebendig verbrannt worden waren, obwohl es (zunächst) verboten war, die Verbrennung sollte erst nach dem Tod erfolgen.

Im Interview, das Sie der Zeitschrift Connection[15] gegeben haben, schreiben Sie, dass Ihre Familie nicht streng religiös war, nur die Frauen manchmal sonntags in die Kirche gingen.

Meine Mutter ging am Sonntag in die Kirche, wenn sie ein neues Kleid vorführen wollte. Die Großmutter ging alle drei Wochen einmal morgens um sechs ganz schnell ein Kreuzzeichen vor dem Altar abliefern.

Sie berichteten von dem Erlebnis mit dem Jesuiten, als 1944 eine Kolonne Gefangener, Juden oder Russen, zum Bahnhof getrieben wurde.

Meine Zweifel begannen, als ich 13 und in einer jesuitischen Jugendgruppe war – mit dem Ziel, ‹Soldat Christi› zu werden, angeleitet von einem Jesuiten. Einmal wurde – man konnte es vom Fenster aus sehen – eine Kolonne Juden oder Russen in einem unerträglich erbärmlichen Zustand zum Bahnhof getrieben. Das war 1944 in Oberschlesien. Der Jesuit schaute uns an und sagte: «Gott weiß, was er tut, und der Mensch muss den Willen Gottes nicht verstehen.» Das lag mir von da an wie ein Stein in der Seele. Denn: «Es fällt kein Spatz vom Dach ohne den Willen Gottes.»

Gibt es noch weitere Erlebnisse, die Sie mit Religion verbinden?

Unangenehm war mir, als ich dem Bischof bei der Firmung die Hand küssen musste.

Gab es ein bestimmtes Erlebnis, ab dem Sie religionskritisch wurden?

1949 versorgte mich ein Pfarrer mit Verpflegung und verschaffte mir einen Gelegenheitsjob. Ich gehörte damals noch zu seiner Jugendgruppe, als ich in der Armenabteilung eines Krankenhauses (Barmherzige Brüder München) lag. Die Mönche machten sich ein Vergnügen daraus, die Kranken wie Vieh zu behandeln und besonders zu quälen oder zu ärgern. Der Arzt erledigte seine Aufgabe mit sichtbarer Gemeinheit. Ohne zu untersuchen, ordnete er pauschal je nach Laune malträtierende Maßnahmen an.

Einmal ging er von Bett zu Bett und sagte: «Schlauch schlucken.»

Daraufhin bekamen wir einen Gummischlauch bis in den Magen geschoben. Ich stand in einer Reihe von zehn Leuten im Klo, und ein Mönch schob jedem so gewaltsam den Schlauch in den Hals, dass kein Einziger den Schlauch richtig hinunterbekam. Er riss ihn dann, so weit, wie er drin war, mit einem harten Ruck wieder heraus.

Ich war etwa der Siebte.

Ich war damals hart im Nehmen, und er drückte den Schlauch bis in den Magen. Nun muss der Schlauch aber eigentlich jedes Mal sterilisiert werden.

Weil ihn ohnehin keiner schlucken konnte, tauchte er ihn immer nur kurz in eine ätzende Säure und verbrannte mir damit die Schleimhaut in der Speiseröhre und den Eingang zum Magen. Das ist unheilbar und ließ sich nicht mehr reparieren. Heute noch bereitet mir diese Verletzung eine tierische Quälerei.

Lange Zeit galten Sie als Kinderbuchautor. Mittlerweile treten Sie auch als Kirchenkritiker in Erscheinung, etwa indem Sie religionskritische Karikaturen für die Giordano-Bruno-Stiftung zeichnen. Das führt mich zu zwei Fragen: 1. Sind Sie gegen die Kirche als ausführendes Organ von Religion, oder sind Sie gegen Religion an sich und glauben nicht an Gott?

Die Frage nach Gott kann ich mir nicht stellen, weil dort niemand antwortet und ich die Ursache von allem, was ist, nicht begreifen kann.

Wenn es ihn gibt, ist es gut. Und wenn nicht, ist es auch in Ordnung. Ich bin gegen die Religionen an sich, soweit sie Macht ausüben und drohen. Ihre Ziele und Methoden sind auch für einen Menschen mit einem IQ unter 100 erkennbar: Religion ist eine Methode, Kinder im frühesten Alter zu programmieren. Die Taufe im Zustand der Handlungsunfähigkeit zu vollziehen, ist Gewaltanwendung und verstößt gegen die primitivsten Menschenrechte.

2. Sollten Sie nicht gläubig sein, müssten Sie etwas anderes haben, das Ihnen Halt gibt und Sinn stiftet?

Falls Sie damit meinen, wie ich zurechtkomme, ist die Antwort: hervorragend. Ich habe so gut wie keine Furcht (außer vor Machthabern wie etwa dem Staat und den Behörden), und schon gar nicht vor Gott oder dem Teufel. Ich bin gesund wie ein Wüstenhund. Ich habe kein einziges unlösbares Problem. Und Gott schenkte mir so viel Geld, dass auch hier kaum Probleme auftauchen können.

Ich habe mich, weil ich hier sitze oder stehe. Damit komme ich zurecht und MUSS nichts anderes haben.

Vielleicht ist das nur Einbildung, und ich bin fremdbestimmt durch etwas, was wir nicht kennen. Auch die Spielfigur im Computer macht die irrsinnigsten Kunststücke und kennt den Knaben nicht, der sie bewegt.

Sie sagen hier ganz kühn, man MUSS etwas anderes haben. Man muss essen und trinken, sonst stirbt man. Wenn man aber nichts «anderes» hat, stirbt man nicht. Der Buddhismus stellt nie die sinnlose Frage nach einer Existenz eines Gottes.

Übrigens: Der Buddhismus ist keine Religion. Er ist eine eher philosophische Anweisung, das von Gott gewollte und geschaffene Leiden zu vermeiden.

PRIESTERSEMINAR IM WICHTIGGUCKEN

«Fast unmerklich war mir mein früherer Glaube durch die Finger geglitten.»

Irene Nickel, 57, Hausfrau, Braunschweig, verheiratet, zwei Söhne

Studiert habe ich Mathematik, das Studium habe ich mit einem Diplom abgeschlossen. Danach habe ich einige Jahre als Programmiererin gearbeitet. Ich bin aktives Mitglied im «Internationalen Bund der Konfessionslosen und Atheisten» sowie in der «Deutschen Gesellschaft für humanes Sterben».

Mein Elternhaus war evangelisch-lutherisch, aber nicht besonders fromm. Am Heiligabend gingen wir in die Kirche, an gewöhnlichen Sonntagen nicht. Ein bisschen Religion im Rahmen des Üblichen, und damit war es genug. Intensiver an die christliche Religion herangeführt wurde ich erst im evangelischen Religionsunterricht in der Schule, später im Konfirmandenunterricht.

Wenn ich weit zurückdenke, erinnere ich mich an positive Erfahrungen mit dem christlichen Glauben: Mein Gott, den ich mir weise, gütig und verständnisvoll vorstellte, bot mir einen gewissen Ersatz für die zwischenmenschlichen Beziehungen, die ich vermissen musste. Das heißt, ich hatte schon Eltern, die sich bemühten, gute Eltern zu sein, und ich hatte auch Freundinnen, mit denen ich einen Teil meiner Freizeit verbrachte. Aber was ich vermisste, waren Menschen, von denen ich mich wirklich verstanden gefühlt hätte.

Möglicherweise hat die deutliche Verbesserung meiner Beziehungen zu Gleichaltrigen entscheidend dazu beigetragen, dass ich später den Mut gefunden habe, ernsthaft zu zweifeln und das Risiko einzugehen, diesen Gott zu verlieren.

Als ich älter wurde – besonders wohl nach der Konfirmation,

als ich auch zum Abendmahl zugelassen war und die entsprechenden Gottesdienste mitmachte –, wurde ich mehr und mehr mit den dunklen Seiten des christlichen Gottes konfrontiert.

Gerade beim Abendmahl wurden immer wieder meine Schuldgefühle geweckt und geschürt, die teilweise völlig unbegründet waren und in keinem Verhältnis standen zum Anlass. Sollte ich «ewige Strafe» verdient haben, nur weil ich gelegentlich meinen (jähzornigen) Vater «erzürnt» hatte, weil ich trotz seines Verbots meine Pickel ausgedrückt hatte oder gar, weil ich gewagt hatte, ihm zu widersprechen? – Heute kommt mir das völlig absurd vor, aber damals habe ich darunter gelitten.[16]

Ein weiterer Aspekt des christlichen Glaubens, der mich sehr bedrückt hat, war die Drohung: «Wer aber nicht glaubt, wird verdammt werden» (Evangelium nach Markus 16,16). In meiner Klasse waren Schülerinnen, die nicht an Gott glaubten; der Gedanke, dass sie der ewigen Verdammnis ausgeliefert sein würden, war für mich so erschreckend, dass ich manchmal zusammenzuckte.

Ein weiterer negativer Aspekt meines Glaubens bestand darin, dass ich mich nicht frei fühlte, Konflikte mit meinem Vater normal auszutragen. Man hatte mir ja eingeredet, es wäre «Sünde», die Eltern zu «erzürnen». So habe ich oft den Mund gehalten, wenn ich mal anderer Meinung war als mein Vater. Hätte ich ihm öfter widersprochen – was ja kein Fehler gewesen wäre, sondern bei einer Jugendlichen ein Zeichen seelischer Gesundheit –, wer weiß, vielleicht hätten wir Chancen gehabt, uns ein wenig mehr «zusammenzuraufen». Besonders gut wäre die Vater-Tochter-Beziehung wohl nie geworden, aber ein bisschen besser hätte sie sicherlich sein können. Denn mein Vater war lernfähig, wie sich später zeigte. Das wusste ich jedoch nicht, als ich noch unter dem Einfluss einer Religion stand, zu der der «Kleine Katechismus des Dr. Martin Luther» gehört, wo das 4. Gebot so interpretiert wurde, dass man seine Eltern nicht verärgern dürfe. So betrieb ich denn Konfliktvermeidung und zog mich in mich selbst zurück. Ich denke, dass eine Religion, die Menschen zu einem solchen Verhalten veranlasst, einen schädlichen Einfluss auf Eltern-Kind-Beziehungen ausübt. Heute ist mir übrigens viel klarer als damals, dass einige Christen ihre Religion ganz anders verstehen, als ich es in meiner Zeit als gläubige Christin gelernt habe. Heute habe ich Theologen wie Hans Küng, Gotthold Hasenhüttl und Dorothee Sölle gelesen. Vieles ist menschlich um einiges sympathischer. Trotzdem bin ich keineswegs versucht, mir deren Auffassungen zu eigen zu machen. Denn für mich sieht es so aus: Je sympathischer ein Autor und seine Ansichten sind, umso größer seine Entfernung vom ursprünglichen biblisch-christlichen Glauben, umso größer ist damit der (Selbst-)Betrug, wenn diese Autoren sich auf die Bibel berufen. Diese Art von (Selbst-)Betrug ist mir unsympathisch; mal abgesehen davon, dass ich mich den Ansichten dieser Theologen ohnehin nicht anschließen kann, weil ich nun mal nicht an Gott glaube.

Als ich ernsthaft an meinem Glauben zu zweifeln begann, habe ich mit keinem Menschen darüber gesprochen. Mein Ehrenamt als Kindergottesdiensthelferin wollte ich schon bald nicht mehr ausüben. Ich habe meinen Eltern und unserem Pfarrer aber nicht meine wirklichen Gründe genannt, sondern eine Ausrede gebraucht: Ich wollte mich darauf konzentrieren, mich auf mein Abitur vorzubereiten.

Nach ca. zwei Jahren stand dann für mich fest, dass ich ungläubig war, und bald kam der Tag meines «Outings». Mein Vater fragte mich, ob ich Christin sei. Ich antwortete: «Nein.» Das kam für ihn anscheinend unerwartet. Er sagte: «Dann bist du nicht mehr mein Kind!» – «Dann bin ich es eben nicht!», erwiderte ich trotzig.

Jedenfalls war das der Auftakt zu dramatischen Szenen. Ich

sehe mich noch in meinem Zimmer stehen und meinen Vater mit seinen Krücken so wütend auf mich zukommen, dass ich Angst bekam, er könnte mich damit schlagen.

Nun, er hat es nicht getan. Aber das Theater ging weiter. Meine Mutter rotierte zwischen mir und meinem Vater – wir waren nicht mehr in einem Zimmer – und versuchte zu vermitteln.

Eine gewisse Beruhigung trat ein, nachdem ich meiner Mutter auf ihre Bitte hin versprochen hatte, es mir noch einmal zu überlegen. Das konnte ich leicht versprechen und sogar halten – ich überlegte es mir noch einmal und kam zum gleichen Ergebnis. Danach wurde in unserer Familie lange nicht mehr davon gesprochen.

Irgendwann, ich glaube, es war nach den eben geschilderten Ereignissen, wollte ich aus der Kirche austreten. Ich sprach mit meiner Mutter darüber, aber die bat mich, es aus Rücksicht auf meinen Vater nicht zu tun. Zuerst tat ich ihr den Gefallen. Solange es mir nur darum ging, dass ich den Kirchenaustritt für die logische Konsequenz meines Unglaubens hielt, hatte ich kein sonderliches Problem damit.

Das änderte sich, als mir klarwurde, dass ich die Lehre der Kirche nicht nur für unwahr hielt, sondern auch für schädlich: weil sie den Menschen unsinnige Schuldgefühle einredete und damit Leiden verursachte. Damit wollte ich nichts mehr zu tun haben.

Ich bin dann aus der Kirche ausgetreten, habe das aber, auf Bitten meiner Mutter, meinem Vater verschwiegen.

Nach jenen dramatischen Szenen, die ich beschrieben habe, war der Glaube kaum noch ein Thema zwischen meinem Vater und mir. Dann, kurz vor seinem Tode (ca. 1984), hat er zu mir gesagt, er wolle gern für mich beten – ob mich das stören würde. Da habe ich ihm gesagt, es störe mich nicht, ich würde es als Ausdruck seiner Liebe zu mir ansehen. Mehr wurde nicht darüber gesagt. Für mich aber war es ein Zeichen dafür, dass er gelernt hatte, meine Entscheidung zu tolerieren.

Im Studium (Mathematik) und am Arbeitsplatz (Programmiererin) hat sich niemand sonderlich für meine Nicht-Kirchenmitgliedschaft und meinen Nicht-Glauben interessiert. Mein Mann war Kirchenmitglied, als ich ihn kennenlernte, aber nur auf dem Papier. Als wir unser Aufgebot bestellt haben, habe ich ihn überredet, bei der Gelegenheit (im gleichen Gebäude) ebenfalls aus der Kirche auszutreten. Wir haben nur standesamtlich geheiratet. Meinen Verwandten habe ich eine entschärfte Begründung gegeben: Wenn wir sonst auch nicht viel mit der Kirche zu tun hätten, warum dann bei unserer Hochzeit? Eine Tante reagierte (für mich überraschend) positiv: ja, so sei es ehrlicher. Unsere Kinder sind nicht getauft. Niemand hat versucht, uns zu einer Taufe zu überreden.

Mein Mann erzählt mir, dass seine Arbeitskollegen der Meinung seien, er sei nur deshalb nicht in der Kirche, weil er die Kirchensteuer sparen wolle. Dass man auch andere Gründe haben könnte, die Kirche zu verlassen, wollten sie anscheinend nicht glauben.

Meinen ersten Sohn habe ich den Religionsunterricht besuchen lassen. Ich hatte vorher mit seiner Lehrerin gesprochen und einen positiven Eindruck von ihr gewonnen. Umso überraschter war ich, als ich hörte, dass den Kindern in der Grundschule die Geschichte von Isaaks Beinahe-Opferung erzählt wurde: als wäre nichts Verkehrtes daran, dass Abraham bereit war, seinen eigenen Sohn zu ermorden! Erst nachdem ich die Religionslehrerin darauf angesprochen hatte, wurde ihr anscheinend klar, dass diese Geschichte vielleicht nicht ganz unproblematisch war.

Mit aktiver Religionskritik begann ich erst später. 35 Jahre alt war ich, als mein erster religionskritischer Aufsatz veröffentlicht wurde.

Für meine ersten ernsthaften Zweifel gab es einen Auslöser, ein Ereignis, das mich veranlasst hat, gründlicher darüber nachzudenken, wie es um die Gründe für meinen Glauben bestellt war: eine Predigt, die ich während einer Klassenfahrt gehört habe. Der Pastor predigte über Zweifel: Immer, wenn er Zweifel hätte, würde er seinen Glauben erst recht gegenüber anderen vertreten, und dadurch würde er sich wieder sicherer in seinem Glauben.

Mir wurde klar, dass das bei mir ganz ähnlich war: Mein Glaube beruhte im Wesentlichen darauf, dass ich mich immer wieder selbst im Glauben bestärkte, seit ich einmal angefangen hatte zu glauben. Es war also ein Zirkelschluss. Letztlich hatte der Zufall meiner Erziehung darüber entschieden, was ich glaubte. Mein Glaube war mir aber zu ernst, um die Entscheidung darüber diesem Zufall zu überlassen. Ich kam zu dem Schluss, dass ich eine bessere Begründung für ihn brauchte.

Also machte ich mich auf die Suche nach Begründungen. Aber wie es so gehen kann, wenn man sich auf eine solche Suche einlässt: Man findet nicht immer Argumente für das, was man ursprünglich begründen wollte; man findet manchmal viel bessere Argumente für das Gegenteil.

Eine wichtige Rolle spielte dabei die Frage: Warum müssen so viele Menschen so sehr leiden? Warum, wenn da ein allmächtiger Gott ist, der alle Menschen liebt? Bald hatte ich erkannt, dass diese Fragen ein Hindernis für den Glauben sein können. Ich suchte nach Antworten, um dieses Hindernis auszuräumen. Anfangs habe ich noch gehofft, sie zu finden. Mehr und mehr jedoch reifte in mir die Überzeugung: Es gibt keine.

Während man den Anfang meines Zweifelns durch ein bestimmtes Ereignis klar bestimmen kann, gibt es für das Ende keine solche klare Abgrenzung. Fast unmerklich war mir mein früherer Glaube durch die Finger geglitten, und nach etwa zwei Jahren kam ich zu dem Schluss, dass ich nicht mehr an Gott glaubte.

Geändert haben sich im Laufe dieser Zeit nicht nur meine Ansichten darüber, was glaubhaft ist und was nicht. Geändert haben sich auch meine Gefühle dem Glauben gegenüber.

Anfangs sah ich im Glauben etwas, was mir Kraft geben konnte. Selbst dann noch, als von meinem Glauben nur noch eine Hoffnung übrig geblieben war, eines Tages zu einem gefestigten Glauben an Gott zurückkehren zu können; wenn nicht im Rahmen des christlichen Glaubens, dann vielleicht im Rahmen des jüdischen. Möglich ist, dass diese Gefühle dazu beigetragen haben, dass ich so lange in Unsicherheit verharrte. Dass ich so lange zögerte, dem Glauben an Gott ein entschiedenes Nein entgegenzusetzen.

Als sich die Zeit der Unsicherheit jedoch dem Ende zuneigte, traten andere Gefühle in den Vordergrund. Mir wurde bewusst, wie viel ich zu verlieren hätte, wenn ich zu einem Glauben zurückkehrte, wie ich ihn früher gehabt hatte. Was wäre denn, wenn ich die Wege meines Gottes für falsch hielt? Dann müsste ich fürchterliche Angst haben. Angst, die mich davon abhalten könnte, zu meinem Urteil zu stehen. Angst, die mich um meine innere Freiheit bringen könnte, zu denken und zu tun, was ich selbst für richtig hielt.

Nicht eine einzige bestimmte Sache ist es, die meinem Leben Sinn gibt. Der Sinn meines Lebens besteht für mich in einem gelungenen Leben. Und dafür ist nicht eine Sache allein ausschlaggebend: nicht allein der Erfolg in Schule, Studium, Beruf oder Sport; nicht allein die Partnerschaft, die Erziehung meiner Kinder, Religionskritik, meine politischen Stellungnahmen oder Freizeitvergnügungen – vielmehr muss von vielem etwas dabei sein, damit ich mein Leben als gelungen ansehen kann.

Ob ich das auch tue? Eine schwierige Frage. Schwierig, weil die Versuchung groß ist, sich etwas in die Tasche zu lügen. Denn manches ist ganz und gar nicht so, wie ich es mir wünschen würde. Mein zweites Kind ist geistig behindert, hat gesundheitliche Probleme und manchmal auch Verhaltensprobleme. Seinetwegen war mir der Wiedereinstieg in meinen Beruf nicht möglich. Aber ich habe auch eine Menge Gründe zur Freude. Mein ältester Sohn hat sich zu einem jungen Menschen entwickelt, der seine Ziele verwirklichen kann. Meine Ehe ist sehr glücklich. Ich arbeite gern an religionskritischen und politischen Texten. Ich radle oder gehe gern im Wald spazieren, schwimme gern im Meer, lese gern Krimis und anderes mehr. Ich habe genug Freude am Leben, um mein Leben als sinnvoll zu empfinden.

Auf jeden Fall habe ich ohne Religion bessere Erfahrungen gemacht als mit der christlichen Religion. Ich bin unbesorgt hinsichtlich der Frage, ob es (den christlichen) Gott nicht womöglich doch gibt; und wenn ich Unsicherheit oder Angst verspüre, dann hat das nichts mit der fehlenden Religion zu tun.

Psychisch war die Freiheit von Religion für mich gerade zu der Zeit von Vorteil, als ich kurz nach der Geburt meines Sohnes erfuhr, dass er schwer hirngeschädigt ist. Da war ich heilfroh, dass ich vor den Problemen sicher war, die ich leicht hätte bekommen können, wenn ich noch gläubig gewesen wäre. Dann hätte für mich die Frage nahegelegen: «Warum lässt Gott das zu?» Eine Frage, die mir zusätzliche Probleme bereitet hätte.

In der Zeit, als ich noch gläubig war, war meine Beziehung zu meinem Gott (von meiner Seite aus) eine Liebesbeziehung. Hätte ich damals davon ausgehen müssen, dass der geliebte Gott für dies Unglück verantwortlich war, dann hätte das leicht eine Beziehungskrise geben können, die mir große seelische Schmerzen bereitet hätte. Oder – die andere Möglichkeit – das Erlebnis hätte zu Glaubenszweifeln führen können. Die hätten mir in dieser Zeit gerade noch gefehlt. Kurz: Ich war froh, dass ich die geistige Auseinandersetzung mit Glaubensfragen damals schon hinter mir hatte.

Was mir Halt gibt? Wenn es mir gutgeht, dann gibt mir all das Halt, von dem ich schrieb, dass es meinem Leben Sinn gebe. Wenn es mir schlechtgeht, kann ich mich manchmal an meinen Mann anlehnen. Das kann mich unterstützen; aber es ersetzt nicht das, was ich nur in mir selber finden kann: den Mut zum Weitermachen und zur aktiven Gestaltung meines Lebens.

«In der Welt braucht man die Freiheit nicht zu suchen. Die Freiheit kann man nur bei sich selbst finden.»

Pierre Wallendorf, 49, erwerbslos, Luxemburg, ledig

Durch einen Unfall und zu hartes Arbeiten bin ich körperlich behindert und zurzeit arbeitslos. Ich war Heizungsmonteur und auf Möbelmontage, Tresortransporten. Jetzt habe ich mehr Zeit, um mich meinen geistigen Tätigkeiten zu widmen. Ich bin ledig und froh, auf der Welt zu sein.

Welche Erfahrungen haben Sie in Ihrem Leben gemacht mit Religion, mit Kirche, mit Gott?

Mit Religion und mit der Kirche – eigentlich schlechte Erfahrungen. Ich sehe sehr viel Negatives in der Religion. Weil Religion Ausübung von Macht bedeutet. Ich habe nichts dagegen, wenn Leute gläubig sein wollen, aber ich finde, Kirche und Staat müssen unbedingt getrennt sein. Weil die Religion zu viel Einfluss auf die Politik hat und notwendige Entscheidungen, die vom humanistischen Standpunkt aus nötig wären, durch die Kirche behindert werden.

Hat das persönliche Auswirkungen auf Sie gehabt?

Es ist ja so: Ich wurde gar nicht gefragt, ob ich katholisch sein will. Ich wurde getauft, als ich noch gar keine bewussten Entscheidungen treffen konnte. Das wurde mir aufgezwungen. Ich hab in der Schule gemerkt, dass die dort gelehrte Religion die geistig oder religiös Andersdenkenden, z. B. Menschen jüdischer Herkunft, sehr diskriminiert hat. Und die Geistlichen, die uns unterrichtet haben, haben uns von Menschen in Afrika erzählt, die eine komplett andere Glaubensrichtung hätten als wir in Europa und die deshalb als «minderwertig» bezeichnet wurden. Die sollten uns «dankbar» sein, dass wir ihnen das Wort Gottes verkündeten, sonst würden sie in «ewiger Dummheit weiterexistieren müssen». Ich konnte das damals schon nicht glauben, da sich die Geistlichen selbst nicht an die Worte gehalten haben, die sie predigten.

Das heißt, da war ein Widerspruch zwischen dem, was sie gesagt haben, und dem Umgang mit Andersdenkenden.

Und mit Gleichdenkenden! Auch die katholischen Kinder wurden regelrecht misshandelt. Es gab ja noch die Prügelstrafe, als ich in der Schule anfing. Von der wurde hauptsächlich von den Geistlichen stark Gebrauch gemacht, mehr als von den Lehrern, und auch viel brutaler. Sie predigten Menschlichkeit und Liebe, und sie lebten Grausamkeit und Misshandlung von Kindern. Das war wirklich schrecklich. Die haben draufgehauen wie die Idioten!

Wie alt waren Sie da?

Das fing im ersten Schuljahr an, als ich so sechs oder sieben war. Ich habe damals eigentlich Religion interessant gefunden, das, was in der Bibel stand. Diese Geschichten waren abenteuerlich, hauptsächlich das Alte Testament. Aber wie sich die Geistlichen benommen haben gegenüber jedem, der ihren Glauben nicht hundertprozentig verteidigt oder geglaubt hat – das war einfach nicht kompatibel. Das ist mir schon als Kind aufgefallen. Ich hatte das Glück, dass meine Eltern mich nicht gezwungen haben, religiös zu werden. Mein Vater sagte zu mir: «Du machst deine Kommunion, gehst regelmäßig in die Kirche. Das ist gesellschaftlich relevant, sonst hast du Nachteile. Und wenn du deine erste Kommunion hast, kannst du machen, was du willst.» Das hab ich auch getan. Ich ging dann nicht mehr in die Kirche, obwohl ich anfangs gerne dorthin gegangen war. Eine Messe fand ich schön, hauptsächlich wegen der Musik. Ich habe Orgelmusik sehr geliebt. Und die Predigten waren ja auch sehr interessant, dass sich die Pfarrer selbst nicht daran gehalten haben, hat mich misstrauisch gemacht.

Im Laufe meines Lebens habe ich mich viel über die Geschichte der Kirche informiert. Dadurch habe ich herausgefunden, dass lauter Mörder und Totschläger dazu gehör(t)en. Es ist ja nicht zu leugnen, dass das Sklaventum von der Kirche abgesegnet wurde. Die sogenannten Heiden waren für die Kirche minderwertige Wesen, die nichts Besseres verdient hatten, als unter Zwang zu leiden. Mit meiner inneren Überzeugung war das nie kompatibel.

Ein ganz schrecklicher Tag in meinem Leben war meine erste «heilige Kommunion». Da musste ich zwei Stunden auf dem Freskenholzstuhl auf den Knien hocken. Ich sah nicht ein, warum ich für jenen Qualen leiden sollte, den ich nicht kannte und an dessen Existenz ich nicht wirklich glaubte. Das hat dann eine Abweisung der Religion mit sich gebracht, obwohl ich die Bibel gerne lese. Es gibt darin sehr viele Parallelen zur Astrophysik, mit der ich mich viel beschäftige. Allerdings: Was nach den Theorien der Astrophysik 13 Milliarden Jahre gedauert hat, dauert in der Bibel 10 000 Jahre. Meiner Meinung nach ist das so geschrieben worden, weil die Menschen nicht fähig waren, in solch einem großen Zeitraum zu denken. Die Entstehung der Welt finde ich in der Bibel schon sehr gut beschrieben, vor dem Hintergrund heutiger wissenschaftlicher Erkenntnisse ist die dortige Beschreibung allerdings natürlich nur *symbolisch* gesehen.

Ich bin der Meinung, dass die Religionen entstehen, damit die

Menschen ihre Angst bekämpfen und das Unverständliche verständlich machen können. Das ist meine Auffassung, daran glaube ich. Aber nicht an diesen berühmten Gott, den die Bibel zum Herrn erklärt. Ich glaube nicht an einen Gott als Personifizierung. Ich glaube an das Leben, an die Existenz der Schöpfung im Ganzen. Aber mit dem Vatikan habe ich nichts am Hut.

Also ist es bei Ihnen eher so, dass Sie sagen: Kirche «nein», Glauben «ja» – oder: Da ist irgendetwas, etwas Spirituelles?

Ja, das kann man «spirituell» nennen. Ich denke, dass es wirklich eine Seele gibt, das wäre dann eine Form von Energie.

Eine Seele im Inneren des Menschen?

Ja. Denn als das Universum entstanden ist, war da am Anfang wirklich *nichts*. Der Raum ist explodiert, und dann ist die Zeit erst entstanden. Die Materie ist umgewandelte Energie, und sie geht wieder zurück zur Energie. So gesehen, «glaube» ich schon. Ich glaube an die Schöpfung, aber nicht an einen allmächtigen Gott, der die Gesetze für mich macht. Alles ist einfach da, weil es *da* ist. Das hat nichts mit dem Gott der Kirche zu tun. Für mich ist dieser Gott ein Halt für Menschen, die zu schwach sind, um zu erkennen, wie alles gekommen ist.

Also gibt es nichts, was die Welt in Gang gesetzt hat?

Nein. Ich habe schon sehr viele physikalische Theorien gelesen, über Paralleluniversen zum Beispiel, aber bewiesen ist das nicht. Das wird wohl auch nie bewiesen werden. Das ist das, was erst mal in meinem Kopf existiert, als Idee, Gedanke. Aber der Ursprung unseres Universums ist auf den Urknall zurückzuführen – und was vorher war, weiß keiner. Das wird man wahrscheinlich auch nie wissen. Ich bin überzeugt von der Wissenschaft. Die Religion ist eine abgewandelte Form der Wissenschaft. Es ist *eine* Wahrheit. Es ist da, aber ich brauche keinen Gott, damit ich das verstehe. Ich denke, wenn man sich mit diesen Dingen befasst, dann stößt man immer wieder auf Neues. Die Religion beharrt auf ihrem Standpunkt und ist unflexibel, aber die Welt verändert sich ständig. Deshalb hat sich die Religion für mich überlebt, zum Beispiel der Machtk(r)ampf des Vatikans, der seinen Einfluss nicht verlieren will. Und die halten sich strikt an das, was sie schon seit 2000 Jahren predigen, aber selbst nicht glauben.

Sie sagen, Sie lesen die Bibel als symbolisches Buch, sagen aber auch, mit Gott selbst nichts am Hut zu haben.

Für mich ist das, was Sie «Gott» nennen, die Schöpfung. Die Schöpfung ist nicht, wie Gott in der Bibel beschrieben wird. Es ist nicht «Gott», der mich bestraft, wenn ich etwas falsch mache. Das ist einfach das Leben, das mich straft. Für mich ist der Sinn des Lebens das Leben selbst und nicht die Religion und ein Gott, dem ich gehorchen müsste. Der Mensch hat wohl das Gute und das Böse in sich, wenn er auf die Welt kommt, und es ist uns überlassen, zu entscheiden, welchen Weg wir gehen wollen.

Woran macht sich «das Böse» fest? Heißt das zum Beispiel, absichtlich etwas zu machen, was anderen schadet?

Das kann auch unbeabsichtigt geschehen. Meistens hat man in solchen Momenten nicht nachgedacht über eine Handlung, weil ein inneres Bedürfnis dazu da war, und man geht dem einfach nach, ohne nachzudenken, was man damit bewirkt. Jede Handlung hat Folgen, und man ist nicht immer verantwortlich für das, was man tut. Man denkt vielleicht manchmal, weil einem dies oder jenes so gut gefällt, würde man Gutes tun – aber man tut Böses. Das passiert mir auch. Das ist kein «Privileg» eines bewusst «bösen» Menschen.

Ich würde gerne auf das zurückkommen, was Sie eingangs gesagt haben: Sie sind der Meinung, dass Staat und Kirche getrennt sein müssen. Haben Sie mit der Einmischung der Kirche in fremde Angelegenheiten schon Erfahrungen gemacht?

Die Religionen, hauptsächlich die Vatikankirche und dann auch die fundamentalistischen Moslems, haben sehr viel Unglück über die Menschen gebracht. Wenn ich da zum Beispiel die Leute in Afrika sehe, die nichts zum Essen haben – die Vertreter der katholischen Kirche wollen denen gar nicht helfen! Sie verbieten ihnen die Geburtenkontrolle. Sie bringen Unglück über die Welt durch die Theorie, die sie verbreiten.

In Europa gibt es viele Menschen, die ihnen deshalb nichts mehr abkaufen, die sich vielleicht noch zu den Katholiken rechnen, einfach weil sie das so gewohnt sind. Aber so richtig an das glauben, was die Kirche sagt, tun sie nicht mehr. Gerade wenn man weiß, wie der Vatikan funktioniert – er predigt Liebe und Brüderlichkeit, und gleichzeitig ist er Großaktionär bei den größten Waffenfirmen.[17] Die Kriege werden vom Vatikan praktisch mitgemacht. Es ist eine Kirche der Lüge. Wenn dieser Jesus wirklich existiert hat, der würde sich im Grab rumdrehen, wenn er sähe, was sie aus seinen Worten gemacht haben.

Können Sie sich vorstellen, warum es anderen Menschen nicht so geht wie Ihnen? Oder warum gerade Sie sich vom Glauben abgewendet haben?

Meine Eltern haben eine große Rolle gespielt, weil sie mir die Freiheit gegeben haben, mir meine eigene Meinung zu bilden. Denn als ich Kind war, hatte die Religion noch viel mehr Einfluss hier in Luxemburg, und überhaupt in Europa, als heute. Mein Vater war auch irgendwie ein Rebell, ich konnte frei darüber nachdenken. Mir wurde kein Zwang von zu Hause auferlegt, anders als vielen Freundinnen und Freunden aus der Schule. Die mussten jeden Sonntag in die Kirche gehen, nicht zuletzt, weil die Kirche auch auf das Lehrpersonal große Macht ausübte. Man wurde gesellschaftlich benachteiligt, wenn man sich dazu bekannte, nicht religiös zu sein, in der Schule wie im Alltagsleben. Der Zwang, dieser gesellschaftliche Zwang und der Wille, in der Gesellschaft als «vollwertiges» Mitglied akzeptiert zu sein, haben viele Leute höchstwahrscheinlich daran gehindert, sich wirklich eine eigene Meinung zu bilden. Die Kirche ist *immer* intolerant. Und hier in Luxemburg hat fast immer die christliche Partei die Regierung gebildet. So war die Religion extrem einflussreich. Die Leute lassen sich diese gesellschaftlichen Zwänge auferlegen, weil sie mithalten wollen. Der materialistische Konsum, diese Illusion von Reichtum.

Wo ist da die Verbindung zwischen dem «reich sein wollen» und «Christ sein müssen»?

Es ist eine Voraussetzung, sich gut mit der Kirche zu stellen, um gute Jobs zu bekommen. Die haben, was das anbelangt, sehr viel Macht. Wenn man gemacht hat, was die Kirchenvertreter wollten, dann haben sie einen unterstützt – und wenn die sagten: «Du bekommst diesen Job», dann hatte man diesen Job. Das war ganz einfach.

Gibt es noch andere Erfahrungen oder Beobachtungen, die Sie in dieser Hinsicht gemacht haben?

Ein Kind meines Onkels und meiner Tante war sehr früh gestorben, vor der Taufe. Der Geistliche wollte das Kind nicht begraben. Sie mussten dann zu einem anderen Pfarrer gehen, in eine andere Gemeinde. Ich finde das schrecklich. Für meine Tante und für meinen Onkel war das ein sehr einschneidendes Erlebnis. Danach ist mein Onkel auch nicht mehr in die Kirche gegangen. Hat seine Kinder aber weiterhin zum Gottesdienstbesuch gezwungen, weil das auf einem Dorf eben so ist und er befürchtete, sie würden in der Schule andernfalls diskriminiert werden. Das Wort des Pfarrers war Gesetz. Da hatte man sich dran zu halten. Auch heute noch ist der Pfarrer auf dem Dorf mächtiger als in der Stadt. Eine Respektsperson.

Gibt es Bekannte, mit denen Sie in Streit geraten, wenn Sie Ihre Meinung, Kritik äußern?

Früher hatte ich ein Problem damit, weil ich dachte, jeder müsse mein Freund sein. Und jeder müsste mich akzeptieren. Aber das geht eben nicht – und das ist auch gut so.

Was gibt Ihnen Halt im Leben? Was hilft Ihnen, ein sinnerfülltes Leben zu führen?

Das Wissen, dass die Ewigkeit existiert. Das ist astrophysikalisch bewiesen. Wir stammen alle aus einer Quelle. Ich denke, dass das Universum ein Lebewesen ist. Dass wir Individuen sind, aber wenn wir vergehen, wenn unser Körper stirbt, dann gibt es eine Umwandlung. Unser Körper wird weiterverwendet, denn es gibt nicht das absolute Ende. Es läuft ein bisschen aufs buddhistische Denken heraus. Ich bin überzeugt, dass wir von den Sternen kommen. Wir sind Kinder der Sterne. Von Anfang an ist es darauf zugelaufen – auf heute. Ein Prozess, der automatisch zu dem geführt hat, was jetzt ist. Auch die Sterne sterben – und vergehen. Aus der Materie werden wieder neue Sterne geboren. Ein ewiger Kreislauf. Und dieser Gedanke macht es mir einfach, mit allem fertig zu werden.

Gibt es noch irgendetwas anderes, was Ihnen im Alltag weiterhilft?

Ich bin einfach von *mir* überzeugt. Ich liebe mich so, wie ich bin. Und das macht mir das Leben einfach. Ich bin immer für andere offen und mir darüber im Klaren, dass das, was heute ist, morgen nicht mehr so sein muss oder nicht mehr so sein *wird*. Ich bin in einem Prozess von permanenter Umwandlung, geistig wie körperlich. Und wenn ich mir die Welt anschaue, sehe ich das auch. Im Herbst fallen die Blätter von den Bäumen, und wenn sie verrotten, dann entsteht daraus neues Leben.

Woher kommt Ihre Überzeugung von sich selbst? Manchen Menschen fällt das ja durchaus schwer.

Ich liebe mich – das kommt mir einfach in den Kopf. Nicht dass Sie jetzt denken, ich würde mich für perfekt halten, bei weitem nicht. Ich habe in meinem Leben eben herausgefunden, dass ich verantwortungsfähig und sehr tolerant gegenüber Andersdenkenden bin. Ich kann jede Meinung akzeptieren, ich hab kein Problem damit. Ich weiß, dass jeder Mensch seine eigene Meinung hat. Niemand hat die gleiche Meinung wie ich. Jeder baut sich seine eigene Realität im Kopf, denn jeder macht seine speziellen Erfahrungen im Leben und sieht die Welt mit den Augen dieser

Erfahrungen. Und die sind immer anders als meine. Es kann vieles gleich sein in den Ansichten, aber jeder ist in diesem ganzen ewigen Zyklus, in dem Gemeinsamen, ein anderes Individuum. Und dessen bin ich mir bewusst. Denn ich finde das Leben schön – als Individuum wie auch als Teil eines großen Ganzen. Ich bin froh darüber. Ich liebe das Leben. Und das macht es mir einfach. Was ich machen muss, mache ich gerne – und was ich nicht machen muss, mache ich meistens auch gerne.

Gibt es denn in Ihnen irgendein Kriterium, das Ihnen sagt: «Das ist richtig für mich, und das nicht»?

Nach Möglichkeit lebe ich so, dass ich andere nicht einschränke und ihnen nichts wegnehme, nur um selbst etwas mehr zu haben. Ich will morgens aufstehen, und wenn ich mich im Spiegel sehe, will ich mich nicht allzu sehr schämen müssen für das, was ich tue. Ich will andere Leute respektieren, will natürlich auch respektiert werden. Es ist einfach wichtig, andere Leute als gleichwertig anzusehen.

Wie machen Sie das?

Ich bin eben überzeugt, dass jeder, egal, was er tut, gleichwertig ist. Auch wenn er Schlechtes tut und ich das ablehne. Aber andere könnten es ja gut finden. Es ist ja nur meine eigene Meinung. Für mich hat jeder Mensch, unabhängig davon, ob er jetzt ein großer Wissenschaftler ist oder ein kleiner Arbeiter, jeder hat seinen Sinn im Leben und seinen Zweck. Jeder ist da, damit er da ist. Alles erfüllt seinen Zweck. Für mich ist auch eine Pflanze oder ein Insekt und jedes andere Tier gleichberechtigt. Das Dasein ist berechtigt und hat ein Ziel, genauso wie beim Menschen. Ich hab schon ein bisschen Probleme damit, wenn ich Fleisch esse. Trotzdem, ich muss ja leben. Der Tod und das Leben sind untrennbar miteinander verbunden.

Nichtsdestotrotz sagen Sie aber Ihre Meinung, wenn Ihnen was nicht passt.

Ja, das erleichtert vieles. Denn wenn man das nicht tut und alles nur in sich reinfrisst, können die anderen doch gar nicht wissen, dass man unter irgendetwas leidet. Außerdem merkt man so auch, ob sie einen respektieren. Wenn ich jemandem sage: Hör mal, was du da machst, das tut mir in der Seele und am Körper weh, ich mag das nicht – und er hört nicht auf damit, dann muss ich weggehen. Dann soll er *sein* Leben leben, ich leb *meins*.

So, wie ich Sie verstehe, haben Sie in sich das Kriterium: «Das ist meine Meinung, so fühle ich, so denke ich, und das gebe ich auch in die Welt, das ist meine Position.» Die verstecken Sie nicht – und dann gucken Sie, wie die anderen darauf reagieren. Mit manchen Leuten kommen Sie dann klar, mit anderen eben nicht.

Die müssen nicht anerkennen, was ich sage, das erwarte ich von keinem. Nur ein Dummer glaubt alles, was er erzählt bekommt. Die anderen können ja rausfinden, ob das auch für sie so ist – oder eben nicht, wie sie wollen. Aber sie sollen mir meine innere Überzeugung lassen. Ich habe auch kein Problem mit Leuten, die an Gott glauben und in die Kirche gehen. Ich denke, es gibt viele verschiedene Möglichkeiten, sich im Leben zu verwirklichen. Man kann eine Familie gründen, Kinder haben, das ist *ein* Weg. Ich habe mir meinen Weg ausgesucht. Mein Weg ist in meinem Kopf: denken, wissenschaftliche Bücher lesen, verstehen. Jeder muss seinen Weg finden. Ob es der richtige war oder nicht, merkt man zum Schluss.

Ich hatte lange Zeit viele Probleme, klarzukommen, weil ich immer dachte: Warum sehen die anderen das nicht so wie du? Die Leute müssen doch sehen, was hier schiefläuft! – Aber das läuft *immer* schief, die müssen gar nichts sehen! Was sie nicht sehen wollen, sehen sie nicht, und es ist ihnen vielleicht auch egal.

Gibt es etwas, das Sie anderen mit auf den Weg geben möchten?

Kein Mensch soll mir irgendein Wort glauben, das ich erzähle. Ich denke, wenn man sich geistig weiterentwickeln will, muss man immer alles, *auch* in sich selbst, in Frage stellen. Denn wenn man einmal überzeugt ist, die absolute Wahrheit in sich zu haben, dann wird man still, dann ist keine Weiterentwicklung mehr da.

Was hilft Ihnen denn, sich in Frage zu stellen? Davor haben ja viele Leute ganz große Angst.

Vielleicht die Erfahrung, dass ich das schon so oft machen musste und auch machen wollte. Ich habe herausgefunden, dass man die absolute Wahrheit nicht kennt. Die gibt es nicht.

Wie kommen Sie mit der Unsicherheit klar – nicht zu wissen, ob das, was gestern wahr war, auch heute wahr ist oder morgen noch sein wird?

Weil ich frei in meinem Kopf bin – frei zu denken, was und wie ich will. In der Welt braucht man die Freiheit nicht zu suchen. Die Freiheit kann man nur innerlich bei sich selbst finden. Frei sein zu denken, dass man morgen komplett anders denken kann als heute. Die Angst ist dabei das größte Problem. Die Leute haben Angst, ohne irgendwelche Gründe dafür zu haben. Das ist irrational, die dunkle Seite in ihnen, die hindert sie daran, sich frei zu machen. Die Angst beherrscht sie, und sie wissen selbst nicht, warum. Es ist die Feigheit vor dem Leben. Auch ich bin damit auf die Welt gekommen. Sie ist auch weiterhin vorhanden, aber wenn man sich dessen bewusst wird, stellt das kein Problem mehr dar. Die Leute suchen nach irgendeiner Sicherheit im Leben – eine Illusion. Es gibt einfach keine Sicherheit. Man stirbt nun mal. Wenn man geboren wird, ist man zum Tode verurteilt. Das Verleugnen von Gefahren bringt nichts. Die Leute glauben so sehr an ihre materiellen Absicherungen und denken, das sei alles im Leben. Ich will nicht so sein, weil ich für mich herausgefunden habe, dass Sicherheit mit Freiheit unvereinbar ist.

Selbstverständlich ist es normal, dass man sich Sicherheit zu schaffen versucht. Und eine eingeschränkte Sicherheit gibt es wohl schon. Es wäre ja auch blöd, ganz darauf zu verzichten. Aber ich denke, es muss immer ein Gleichgewicht zwischen den verschiedenen Aspekten geben. Freiheit ist ja auch nicht unbegrenzt. Meine Freiheit hört da auf, wo ich die Freiheit anderer Leute einschränke. Da ist die Grenze für mich, sofern ich sie erkenne. Manchmal gehe ich über diese Grenze hinweg, aber das tut mir dann im Nachhinein leid. Ich hab in solchen Fällen auch kein Problem damit, das einzusehen und mich bei den Menschen zu entschuldigen.

Sie unterscheiden sich von vielen anderen Leuten dadurch, dass Sie Dinge einfach seinlassen können. Andere dagegen sind eher bemüht, die Welt nach ihren Vorstellungen zu formen.

Das ist die Illusion der Realität. Sie machen sich ohnehin ihre Realität nach ihren Wunschvorstellungen –

Und Sie sagen: «Das braucht ihr alles nicht.»

Ich hoffe schon, dass andere Leute mit dem, was ich erzähle, etwas anfangen können, und bin froh, wenn es anderen hilft – aber beeinflussen möchte ich niemanden. Das müssen die selbst entscheiden. Das Leben besteht aus lauter Entscheidungen. Jeden Tag muss man Entscheidungen treffen. Und wenn man nur von dieser Angst beherrscht wird, kann man das nicht mehr.

«Ich sehe mich als atheistische Aktivistin.»

Ruth Hofbauer, 75 Jahre, Wiesbaden, geschieden

Mein soziales Umfeld war (bedingt durch den Nationalsozialismus) areligiös bzw. religiös gleichgültig. Deshalb hatten meine Eltern und ich über die Großeltern hinaus kaum Kontakte nach außen. Abschottung! Nur wer jeden Sonntag zur Kirche ging, war in den Augen meiner Familie akzeptabel.

«Ich aber und mein Haus wollen dem Herrn dienen» – dieser Bibelspruch, eingerahmt im Flur der elterlichen Wohnung, verdeutlichte jedem beim Eintreten, wer hier das Sagen hatte.

Das abendliche Gebet vorm Einschlafen: «Lieber Gott, mach mich fromm, dass ich zu dir in den Himmel komm», zeigte mir über viele Kinderjahre die Marschrichtung an.

Der Verhaltenskodex «Halt dein Herze wahr und rein, Gottes Aug blickt tief hinein!» sollte mir klarmachen, wie der Weg «nach oben» zu schaffen war: Auch wenn Vater und Mutter dein sündiges Verhalten nicht sehen können, weil sie nicht immer zugegen sind, dem Vater im Himmel entgeht nichts!

Da «er» schon mal prophylaktisch allen Eltern ins biblische Stammbuch geschrieben hatte, dass, wer seine Kinder liebt, sie zu züchtigen hatte, war der Rohrstock mein ständiger (Angst-)Begleiter.

Das Gefühl, meinem himmlischen Vater und seinen beiden irdischen Vollstreckern niemals auch nur annähernd genügen zu können, führte ungefähr ab meinem neunten Lebensjahr zu massiven psychischen Problemen, von denen fehlendes Selbstbewusstsein, Unsicherheit bei alltäglichen Anforderungen sowie ein übersteigertes Sündenbewusstsein nur die Spitze des Eisbergs waren.

Ich kannte keine wirkliche Lebensfreude, weil in meiner kindlichen Seele kein Frieden herrschte. Um diesen und um Zeichen für Vergebung und Angenommensein flehte ich über viele Jahre zu Gott. Da diese ausblieben, konnte ich nur verworfen sein.

Viele Entscheidungen, die ich in meinen Jugendjahren traf, hatten fatale Folgen, da sie meist im Hinblick auf das getroffen wurden, was Gott «wohlgefällig» war, und nicht daraufhin, was mir gutgetan hätte.

Erst als ich mit sechsunddreißig Jahren und nach einer unter solchen Vorgaben geschlossenen siebzehnjährigen Ehe meine erste große Liebe fand und mit diesem Mann über meinen strafenden Gott sprechen konnte, wurde ich von meinen Skrupeln befreit und geheilt.

Gott war nun, auch ohne dass er je auf mein Flehen geantwortet und Verzeihung signalisiert hatte, zum «lieben» Gott geworden. Es gab ihn weiterhin in meinem Leben, aber jetzt gab es Gründe, mich bei ihm zu bedanken. Er hatte mich prüfen wollen und beschenkte mich ab jetzt mit seiner Gnade, mit Lebensfreude und Tatendrang. «Danke, lieber Gott, danke, Herr Jesus!»

Es bedurfte noch weiterer 28 Jahre, um die christliche Sinnlosigkeit endgültig zu erkennen und die Heilige Dreifaltigkeit aus meinem Hirn und Herzen zu eliminieren. Ich verdanke es Franz Buggle und seinem Buch «Denn sie wissen nicht, was sie glauben» und seiner Empfehlung, Altes und Neues Testament zur Gänze zu lesen und nicht selektiv wie von Pfarrern und christlichem Elternhaus angeboten.

Ich bin dieser Empfehlung gefolgt, und das war das Ende meines Gottesglaubens. Ich war entsetzt über die grausamen, widersprüchlichen und absurden Texte und das Fehlen einer humanen Ethik. Ein Menschenwerk!

Heute blicke ich im Zorn zurück auf ein über lange Strecken von «Gott und Sohn» bestimmtes und deshalb vertanes Leben.

Der Sinn meines Lebens ist heute das Leben selbst, ich habe nur dieses eine, und ich versuche, es so zu gestalten, dass jeder neue Tag für mich ein Geschenk ist, das ich mir selbst mache.

Seit 1996 bin ich Atheistin. Ich habe nur dieses eine Leben, und ich will es so gestalten, dass es mir guttut. Ich möchte «gut sein» um der anderen Menschen willen und nicht um Gottes willen. Meine Erfahrungen damit: nur grenzenlose seelische Befreiung und Glücksgefühle.

Ich behalte meine Abkehr vom Glauben nicht für mich, im Gegenteil: Ich empfinde mich als atheistische Aktivistin und sehe aus einer heute befreiten und zufriedenen Weltsicht heraus meine Aufgabe darin, den Menschen den «realen Unsinn zu entlarven, der sich hinter den religiösen Sinnkonstruktionen verbirgt» (Michael Schmidt-Salomon). Nur drei nähere Bekannte haben sich eingestandenermaßen von mir komplett zurückgezogen.

Gläubige Menschen tun mir leid, und ich muss zugeben, dass sich im Umgang mit ihnen bei mir oft eine leichte Verachtung einschleicht, die ich aber auch meiner eigenen Person gegenüber empfinde, wenn ich an die Person denke, die ich als Christin einmal war. Ich kann deshalb nur allen Gläubigen raten: «Lesen Sie die Satzung, das Grundgesetz Ihres Vereins, dem Sie durch die Zwangstaufe angehören! Lesen Sie die Bibel! Wagen Sie, selbst zu denken!»

«Ich habe mehr persönliche Freiheit, da ich mich nicht mehr vor einem imaginären Wesen für mein Handeln verantworten muss.»

Jonas Fünfgeld, 19, Abiturient, Tettnang

Da ich christlich erzogen wurde und in einer christlichen Familie aufgewachsen bin, wurde mir der Glauben an Gott gewissermaßen anerzogen. Sonntags war ich im Kindergottesdienst, während meine Eltern den normalen Gottesdienst besuchten. Glauben war für mich etwas Selbstverständliches, und mir war damals nicht klar, wie man ohne Gott leben kann. Ich wurde konfirmiert, und danach engagierte ich mich als Jungscharleiter ehrenamtlich in der kirchlichen Jugendarbeit und war auch selbst Teilnehmer zweier christlicher Jugendgruppen. Viele meiner Freunde waren ebenfalls christlich; der Rest redete nicht über seinen Glauben.

Dann zogen wir um, und ich verließ die kirchlichen Jugendgruppen. Nachdem die Dauerberieselung mit typischen Aussprüchen von Gläubigen aufgehört hatte, begann ich irgendwann, meinen Glauben selbst zu hinterfragen. Mir wurde klar, dass der Glaube so etwas wie ein Nebenprodukt der Evolution ist, ein unbewusster Versuch des Menschen, sich in seinem sterblichen Leben an den Strohhalm Glauben zu klammern, um dadurch auf ewiges Leben hoffen zu können.

Das war der Beginn eines langen Prozesses, während dessen ich zum Atheisten wurde. Die Reaktionen darauf waren unterschiedlich, den meisten war es egal, aber es kamen im familiären Umfeld auch Fragen, warum ich denn so leichtsinnig mein Leben im Himmel aufs Spiel setze. In der Schule war Religion wegen eines tollen Lehrers und interessanter Diskussionen weiterhin eines meiner Lieblingsfächer, und das, obwohl ich die meisten der dort vermittelten Ansichten überhaupt nicht geteilt habe. Durch meinen Abfall vom Glauben hat sich also weder mein Freundeskreis verändert, noch habe ich viel Negatives erfahren. Lediglich ein paar nicht uninteressante Diskussionen aufgrund familiärer Glaubensunterschiede waren die Folge, welche aber nicht zu langfristiger schlechter Stimmung führten.

Der Kirche selbst stehe ich aufgrund ihrer langen Liste an Verbrechen und ihrer viel zu konservativen Haltung mittlerweile sehr kritisch gegenüber. Ich bin sogar der Ansicht, dass auch dann, wenn es den von der Kirche gepredigten Gott gäbe (was ich selbst für ausgeschlossen halte), die Kirche niemals von diesem hypothetischen Gott gewollt sein könnte. Gott müsste, wenn es ihn denn gäbe, einer der größten Kirchenkritiker aller Zeiten sein. Kleine Anmerkung: Da ich Atheist bin, halte ich es auch für unmöglich, dass man Erfahrungen mit Gott haben kann. In meiner Zeit als gläubiger Christ hatte ich aber durchaus Erlebnisse, die ich damals für göttlich hielt. Ich ging damals eben so vor wie die meisten Christen: Für das Gute auf der Welt ist Gott verantwortlich, dafür wird ihm gedankt, aber für das Schlechte kann er natürlich nichts.

All die verschiedenen Götter sind meiner Ansicht nach Erfindungen des Menschen, und dies hat für mich persönlich das Glauben an ein höheres Wesen unmöglich gemacht.

Ich habe nun mehr persönliche Freiheit, da ich mich nicht mehr vor einem imaginären Wesen für mein Handeln verantworten muss. Dies bedeutet allerdings auch, dass ich mir immer bewusstmachen muss, dass mein Handeln nicht im Nachhinein von einer göttlichen Gewalt beschönigt werden kann, sondern dass ich hier und jetzt richtig handeln muss. Man muss aktiv Gutes tun, und es reicht nicht aus, mal eben zu beten, damit sich jemand anderes um die Probleme kümmert.

Ich habe nun auch mehr freie Zeit, da ich weder bete noch Gottesdienste besuche. Und ich habe nicht mehr wie früher ein schlechtes Gewissen, wenn ich nicht in den Gottesdienst gegangen bin.

Psychisch habe ich durch meinen Nichtglauben absolut keine Probleme bekommen. Klar ist es anfangs schwer zu akzeptieren, dass man eben nicht das gewollte Produkt einer göttlichen Schöpfung, sondern mehr oder weniger zufällig entstanden ist. Aber das wertet das eigene Leben für mich nicht ab – eher im Gegenteil: Da ich nicht an ein Jenseits glaube, ist es für mich viel wichtiger geworden, im Diesseits «richtig» zu leben.

Und selbst wenn mit dem Tod alles aufhört, ist dies für mich kein Grund, Angst zu haben. Wenn man überhaupt nicht mehr existiert, bedeutet dies doch lediglich, dass man keine Bedürfnisse mehr hat und deshalb sozusagen wunschlos glücklich ist, obwohl man nicht mehr ist.

Ich leugne meinen Atheismus nie, aber ich versuche so gut es eben geht, niemandem seinen Glauben schlechtzureden oder anderen Menschen meinen Nichtglauben missionarisch aufzuzwingen.

Mein Großvater, der evangelischer Pfarrer ist, hat hervorragend reagiert. Er ist zwar nicht gerade froh über meine Glaubensabkehr, aber er akzeptiert meinen Entschluss genauso, wie ich seinen Glauben akzeptiere. Toleranz und offene Gespräche zwischen Atheisten und Gläubigen machen ein gutes Miteinander möglich.

Man erfährt natürlich auch Unverständnis von christlicher Seite, weil man sein «Seelenheil so leichtfertig aufs Spiel setzt». Doch für mich ist diese Aussage lediglich der Beweis, dass die meisten Leute noch nicht verstanden haben, dass die Pascal'sche Wette mehr als nur vier Lösungen hat. Die Pascal'sche Wette wurde nach Blaise Pascal benannt, der die Behauptung aufstellte, dass es stets eine bessere Wette sei, an Gott zu glauben, als es nicht zu tun. Seine Argumentation war, dass man, falls es Gott gibt und man an ihn glaubt, in den Himmel kommt; wenn man nicht an Gott glaubt, würde man in diesem Fall bestraft werden. Falls es Gott nicht gibt, dann wäre es egal, ob man gläubig ist oder nicht. Seine Schlussfolgerung war also, dass man durch den Glauben an Gott nur gewinnen kann.

Nun ist es aber so, dass es unbeschränkt viele Lösungsmöglichkeiten gibt, die Pascal außer Acht gelassen hat. Ein paar Beispiele: Was, wenn es nicht den Gott der Christen, sondern einen anderen Gott gibt? Dann könnte es ein größerer Nachteil sein, an den Christengott zu glauben, als an keinen Gott zu glauben. Und da viele Religionen exklusiv sind, ist es auch nicht möglich, an alle Götter zu glauben, um einer möglichen Bestrafung zu entgehen. Wenn es einen Gott gäbe, könnte es auch durchaus sein, dass er Leute, die blind an ihn glauben, weniger mag als diejenigen, die an ihm zweifeln und keinen Glauben heucheln. Nicht zu vergessen sind auch die Einschränkungen, die einem viele Religionen auferlegen und die einem ganz direkt schaden können. Es kann also durchaus auch ein Nachteil sein, an Gott zu glauben.

Es ist wichtig, dass man alles immer wieder kritisch hinterfragt, auch den eigenen Glauben. Ich hoffe, dass mehr Menschen den Mut bekommen, ihren Glauben zu hinterfragen, und nicht einfach nur irgendetwas nachbeten, weil es eben die anderen so machen.

Außerdem möchte ich verständlich machen, dass man als Atheist kein schlechteres oder wertloseres Leben führt. Es ist natürlich auch kein besseres Leben, es ist absolut gleichwertig, nur eben anders geführt.

BAUCHREDNER
MEIN IST DIE MACHT UND DIE KRAFT UND DIE HERRLICHKEIT!
ABER NATÜRLICH NUR STELLVERTRETEND FÜR DICH UND IN DEINEM NAMEN!
DU MACHST DAS GANZ, GANZ TOLL!!
DANKE!

«Ich habe wohl einfach mal das Licht im Dunkeln angemacht – annähernd wusste ich, dass die Kirche nur im Dunkeln leuchtet.»

Luca Blumenthal, 16, Gymnasiast, Duisburg

Mit Religionen habe ich bereits viele Erfahrungen gemacht. Es ist wohl auch kaum denkbar, dass man in unserem Land mit der christlichen Religion nicht konfrontiert wird. Sei es durch die «Jesus-Freaks» auf der Straße oder die göttlichen Geschichten im Religionsunterricht. Meine Familie ist größtenteils ungläubig, obwohl die meisten dennoch in der Kirche sind. Und obwohl meine Eltern bewusst nicht an Gott glauben, wurde ich nie zum Atheismus erzogen – ich sollte mich selbst entscheiden. Das war auch der Grund, warum ich trotz atheistischen Elternhauses in meiner Kindheit ein wenig an Gott glaubte. Ansonsten ist Religion in unserer Familie eigentlich kein Thema.

In der Schule hingegen habe ich viele Erfahrungen mit dem Christentum machen dürfen, da ich bis zur 10. Klasse den Religionsunterricht besuchte. Allerdings nicht, weil ich von diesem Unterricht so überzeugt war, sondern weil mir die Alternative nicht gefiel. Bis zur 9. bekamen die «Abtrünnigen» unter uns Ersatzunterricht, der nach Aussagen einiger Mitschüler/innen dem Deutschunterricht aus unteren Klassen ähnelte. In der 10. gab es dann zwar «Praktische Philosophie», ich blieb jedoch beim Reliunterricht, weil ich nichts von dieser Alternative wusste.

Allerdings muss ich gestehen, dass der Religionsunterricht Spaß gemacht hat, weil man dort viel diskutieren konnte – auch wenn wir zur christlichen Lehre erzogen wurden. Wirklich bewusst an Gott geglaubt hat aber wohl niemand in unserem Kurs, es gab auch keine Kirchgänger.

Ein Beispiel für irreführenden Religionsunterricht werde ich aber wohl nie vergessen: Ich weiß nicht mehr, ob es in der 5., 6. oder sogar 7. Klasse war. Jedenfalls war unser Thema «Martin Luther». Wir fertigten Mappen über ihn an, sprachen nur positiv über ihn und bewunderten nebenher den christlichen Glauben – von seinem Judenhass war nie die Rede. Als ich älter wurde, erfuhr ich schließlich, dass Martin Luther ein Antisemit war. Ich fand und finde es immer noch absolut manipulierend, Kinder zu belügen, indem man unangenehme Wahrheiten schlichtweg nicht erzählt. Auch später wurden im Religionsunterricht jene Fragen, die ich mir heute als überzeugter Atheist stelle, nur mangelhaft bearbeitet. Wirklich kritisch ist Religionsunterricht nicht, denn wäre er das, wäre er wohl kein Religionsunterricht.

Da ich Vorstandsmitglied der LandesschülerInnenvertretung NRW bin, betrachte ich Religion auch immer in Verbindung mit unserem Staat. Im Schulgesetz des Landes NRW ist beispielsweise die «Ehrfurcht vor Gott» ein vornehmstes Ziel der Erziehung. Diesen Punkt kann man sehr kritisch betrachten, so stimmte auch der FDP-Landtagsabgeordnete Robert Orth gegen das Gesetz, weil er den Gottesbezug aus Gewissensgründen nicht mittragen wollte. Zudem könnten sich Angehörige nicht-christlicher Religionen ausgegrenzt fühlen. Muslimischen Lehrerinnen wurde ebenfalls verboten, ein Kopftuch zu tragen, während das Tragen anderer religiöser Symbole weiterhin erlaubt bleibt. Zwar bin ich dafür, dass religiöse Symbole in der Schule generell verboten werden müssen, finde es aber unfair, dass nur muslimischen Lehrerinnen das Tragen religiöser Symbole verboten wird, was darüber hinaus eventuell nur bereits vorhandene Vorbehalte gegenüber Andersgläubigen schürt. Und solange die Jugend durch die Gesellschaft im christlichen Sinne erzogen wird, Schule weiterhin nicht frei von religiösen Symbolen ist und Religionsunterricht anbietet, der nicht weltanschaulich neutral über Religionen und Weltanschauungen lehrt, ist ein vermehrtes kritisches Denken hinsichtlich Religionen wohl auch nur eine reine Wunschvorstellung. Im Übrigen möchte ich ausdrücklich erwähnen, dass ich nicht für die LSV NRW spreche!

Religionskritisch wurde ich in etwa mit 14 oder 15 Jahren. Was mir damals fehlte, waren wirklich die Informationen und die einfache Erkenntnis. Als überzeugter Atheist bezeichne ich mich erst, seit ich 16 Jahre alt bin.

Die Frage, wie es dazu kam, kann ich eigentlich gar nicht beantworten. Es war eher ein fließender Übergang. Das, was mir eindeutig fehlte, waren Informationen, die ich mir im Laufe der Zeit immer häufiger holte. Ich habe wohl einfach mal das Licht im Dunkeln angemacht – annähernd wusste ich, dass die Kirche nur im Dunkeln leuchtet.

Warum Menschen immer nach einem Ersatz für Gott und Glaube fragen, ist mir bis heute unverständlich. Ich brauche keinen Ersatz dafür. Meinem Leben gebe ich auch keinen konkreten Sinn, es sind viele Sachen, die mein Leben für mich sinnvoll machen, zum Beispiel der Drang nach nachhaltiger Veränderung, Fragen zu stellen, die mir keiner beantworten kann, neugierig sein oder auch einfach nur Spaß haben – das sind alles Dinge, die mein Leben lebenswert machen. Was gibt mir Halt im Leben? Vieles – aber ich brauche keinen religiösen Halt, denn ich kippe ohne nicht gleich um.

Manchmal freue ich mich für diejenigen, die daran glauben, dass es nach dem Tod weitergeht. Denn es ist ernüchternd zu denken, dass das Leben irgendwann einmal für immer vorbei ist. Andererseits will ich auch nicht «dumm» sterben. Ich fühle mich eher befreiter durch diese Aufklärung.

Meinen Nicht-Glauben behalte ich nicht für mich, ich spreche sehr offen darüber. In der Schule habe ich damit keine Probleme, auch wenn ich fast der Einzige bin, der es ausspricht: «Gott ist tot.» Ich diskutiere oft und gern mit anderen über den Glauben und stelle dann immer wieder fest, dass die meisten gar keine Ahnung von dem haben, an das sie glauben – dementsprechend endet die Diskussion dann auch, aber leider ohne Erfolg: Das Schaf bleibt blind. Die Frage nach dem «Warum?» verunsichert viele, die an Gott glauben. Viele wissen nicht, dass sie die Beweispflicht haben, und fragen, ob ich ihren Gott widerlegen könnte. Das kann ich natürlich nicht, so wie ich Trolle, Einhörner und das Fliegende Spaghettimonster nicht widerlegen kann. Dann geht es oft mit der Aussage weiter, dass doch fast alle an Gott glauben – demnach kann es ja nicht falsch sein. Dass alle auch einmal daran geglaubt haben, dass die Erde eine Scheibe sei, wird dabei oft und gerne vergessen. Auch die «Beweise» für Gott greifen nicht mehr, da sie keiner objektiven Prüfung standhalten und bereits von vielen Philosophen entkräftet wurden. Hat man dann alle Argumentationen ausgeschöpft, bleibt dem Gläubigen aber immer noch die persönliche Gotteserfahrung, die ihm die Frage nach dem «Warum?» beantwortet. Plötzlich verschwinden alle Argumentationen und Gottesbeweise.

Im Alltag fühle ich mich eindeutig benachteiligt. In der Politik gibt es wenig bis gar keine Anlaufstellen für Atheisten. Der ganze Staat scheint christlich orientiert zu sein. In der Schule muss ich zu Ehrfurcht vor Gott erzogen werden, Säuglinge werden getauft, was gegen ihre Religionsfreiheit spricht, der Staat unterstützt die Kirche finanziell (Militärseelsorge, Denkmalpflege, Religionsunterricht etc.), ordinierte Geistliche müssen nicht zum Bund, es gibt kaum gute Alternativen zum Religionsunterricht und so weiter und so fort. Dabei sind die meisten Kirchenmitglieder nur theoretisch vorhanden, die Verhältnisse stimmen daher überhaupt nicht.

Zum Schluss bleibt nur zu sagen, was ich jedem wünsche: kritisches Denken.

«In meinem bisherigen Leben habe ich noch nicht fünf Minuten lang an einen persönlichen Gott geglaubt.»

Esther Vilar, 73, Schriftstellerin, Österreich

Esther Vilar kam 1935 in Buenos Aires als Tochter deutsch-jüdischer Emigranten zur Welt. Später studierte sie in Argentinien Medizin und Soziologie in Deutschland. 1971 wurde sie mit ihrem Buch «Der dressierte Mann» als Schriftstellerin bekannt. In diesem Bestseller formulierte Esther Vilar die provokante und kontrovers diskutierte These, dass nicht die Frau durch den Mann unterdrückt, sondern umgekehrt der Mann durch die Frau ausgebeutet werde. 1975 fand ein spektakuläres Fernsehduell zwischen Esther Vilar und der Vertreterin der deutschen Frauenbewegung sowie «Emma»-Herausgeberin, Alice Schwarzer, statt, in der Schwarzer ihre Kontrahentin als Faschistin bezeichnete.

Esther Vilar hat seither viele provokante, gängige Denkmuster sprengende Bücher und Theaterstücke zu etlichen gesellschaftlichen Themen und Entwicklungen verfasst, wie zum Beispiel «Der betörende Glanz der Dummheit» oder «Denkverbote. Tabus an der Jahrtausendwende» sowie «Eifersucht. Roman für drei Faxmaschinen und ein Tonbandgerät» oder «Die Erziehung der Engel. Wie lebenswert wäre das ewige Leben?».

Ich bin in Argentinien geboren und habe bis zu meinem 22. Lebensjahr hauptsächlich unter Katholiken gelebt. Alle meine Freunde waren gläubig, und zeitweise hatte ich auch Religionsunterricht.

In meinem bisherigen Leben habe ich noch nicht fünf Minuten lang an einen persönlichen Gott geglaubt. Denn: Ich habe kein Talent, die Ideen anderer Leute unbesehen zu übernehmen. Auf welchem Gebiet auch immer.

Wenn Sie keinen Gott haben, was haben Sie dann? Was gibt Ihnen Sinn und Halt im Leben?

Nichts.

Wie alle, die gerne leben, habe ich grauenvolle Angst vor dem Sterben. Doch das ist in meinen Augen keine Rechtfertigung, um bei einer der Überlebensversicherungsgesellschaften zu unterschreiben. Die Angebote sind zu unseriös. Ein ewiges Leben heißt außerdem eines für immer: eine Million Jahre, dann noch eine, dann noch eine ... Selbst wenn das alles in einem Paradies stattfände, würde man seinen Herrgott auf Knien bitten, es wieder abzuschaffen.

Ich habe mehrere Bücher über Religion geschrieben. Heute weiß ich, dass das überflüssig war. Man kann einen Frommen nicht durch Argumente erreichen.

Ein wenig ist es so, als würde man in einem gigantischen Irrenhaus leben. Hier ist einer, der davon redet, wie er dann später als irgendein Tier zurückkommen wird. Dann wieder gibt es die, die ihre Gesichter mit Stoff verhängen oder fünfmal am Tag in einer bestimmten Himmelsrichtung auf die Knie gehen. Oder jene, die ihre Kühe als Heilige verehren und ihre Witwen bei lebendigem Leib verbrennen lassen. Die einem Unsichtbaren riesige Häuser bauen, wo ihnen Verkleidete gegen Honorar versichern, dass zumindest der sie sieht. Und selbst die Harmlosesten brüsten sich noch damit, wie dann später zumindest ihre wundervolle Seele erhalten bleibt. Die Tatsache, dass wir sterben müssen, macht uns krank vor Angst. Wir glauben alles.

In den meisten Teilen der Welt würde man für solche Worte auch heute noch gesteinigt. Dass es hier nicht mehr so ist, erfüllt mich mit großer Dankbarkeit, denn es wurde erkauft mit dem Leid einer langen Kette unerschrockener Vorfahren. Wenn keiner die Freiheiten nutzt, die sie für uns erkämpft haben, werden sie uns morgen wieder genommen.

«Ich trat aus dem Chor aus, weil ich diese kirchlichen Lieder nicht mehr singen konnte. Sie blieben mir im Hals stecken.»

Beate, 39, Informatikerin, Berlin, verheiratet, zwei Kinder

Kurz einige wesentliche Fakten zu mir: Ich bin 1967 in Mecklenburg-Vorpommern geboren und dort aufgewachsen. Und hatte – haha! – «trotzdem» eine glückliche Kindheit. Seit 1986 lebe ich in Berlin. Erst Studium, dann Arbeit, später die Familiengründung.

Und an diesem Punkt drangen christliche Moralvorstellungen erstmals in mein Leben ein. Wir bekamen auf natürlichem Weg keine Kinder und brauchten reproduktionsmedizinische Hilfe. Dabei gab es einige gesetzliche Hürden. Gleichzeitig fiel mir auf, dass die christlichen Kirchen assistierte Befruchtungen nicht wünschen bzw. je nach Verfahren und Kirche ganz ablehnen. Und ich schlussfolgerte, dass unsere Gesetzgebung gerade deshalb so ist, dass ungewollt kinderlosen Paaren zusätzliche Hürden in den Weg geräumt werden, weil die Kirche das so will.[18] Unverschämtheit! Haben die *mir*, die nicht dazugehört, was zu sagen? Meine Ablehnung der Kirche bestand ganz klar seit jener Erkenntnis. Ich trat aus dem Chor aus, weil ich diese kirchlichen Lieder nicht mehr singen konnte. Sie blieben mir im Hals stecken. Doch trotz meiner abgrundtiefen Ablehnung der Kirche bekamen wir unsere beiden Wunschkinder. Ganz ohne Bekenntnis zu einem Gott, sogar im Gegenteil, mit diesem abgrundtiefen Groll gegen die Kirche. Uns geht's gut, wir haben eine super Familie, gesunde Kinder. Was will man mehr? – Natürlich ist das Leben nicht nur rosig. Mein Kampf gegen den ausschließlichen Religionsunterricht an der Schule meines Sohnes kostet mich Energie. Mein Einsatz für ungewollt kinderlose Paare ebenso. Dennoch werde ich weitermachen. Wer die Welt hin zu mehr Menschlichkeit verändern will, braucht einen langen Atem. Besonders dann, wenn rund um ihn herum so viele Mitläufer sind.

Mit Kirchengeschichte, den Grausamkeiten in der Bibel etc. beschäftige ich mich erst seit Sommer des letzten Jahres. Unser Sohn kam in die Schule und wurde damit konfrontiert, das einzige Kind seiner Klasse zu sein, das nicht am Religionsunterricht teilnimmt. Ein Grund für die intensivere Beschäftigung mit Religion ist sicherlich auch, dass unser Kind ein von der Kirche nicht gewolltes ist – und dem kann ich doch keinen Religionsunterricht zumuten! Ich war sehr erstaunt darüber, dass alle anderen Eltern ihre Kinder doch im Religionsunterricht angemeldet haben. Daraus ist für unseren Sohn eine unschöne Situation entstanden.

Umso wichtiger wurde es, mit ihm über Fragen zu sprechen wie: Warum gehe ich da nicht hin? Und: Was ist an der Kirche so schlecht? Bis vor zwei Jahren hatte ich mich mit dem Thema eigentlich kaum auseinandergesetzt, aber schon damals gefiel mir so einiges an der Kirche nicht, besonders, dass sie bestimmte Minderheiten ausgrenzt, was bei der katholischen Kirche ja besonders auffallend ist.

Einmal habe ich ein Buch über Priesterkinder gelesen. Ich wollte wissen: Was ist denn da *noch* schlecht an der Kirche? In dem Buch war Karl-Heinz Deschner mit seiner «Sexualgeschichte des Christentums» zitiert. Die Lektüre dieses Buches war dann so aufrüttelnd, dass ich mich noch näher mit dem Thema befasst habe. Und diese Religion sollte unser Kind nun also in der Schule lernen? Vieles von dem, was ich erfahren habe, ist so grausam, dass man es einem sechsjährigen Kind gar nicht erzählen kann. Aber mein Sohn ist sehr neugierig, hat auch Freunde, mit denen er sich darüber unterhält. *Was ist wahr? – Was ist falsch?* – Er befindet sich da gerade in einem Auseinandersetzungsprozess.

Bei manchen der Grausamkeiten verschlägt's mir die Sprache, wie zum Beispiel Hexenverbrennungen. Oder wie man die Menschen dazu gebracht hat, in den Krieg zu gehen. Man hat ausgenutzt, dass die an Gott geglaubt haben – und für diesen Gott sind sie in den Krieg gezogen, haben grausame Taten vollbracht. Und in der Schule werden nun wieder Kinder dazu gebracht, an diesen Gott zu glauben – und können damit doch ebenfalls benutzbar werden! Das finde ich ganz furchtbar und beängstigend. Sie sind natürlich besonders in der Richtung manipulierbar, wie sie in der Bibel vorgegeben ist.

Was die Politik betrifft, wird das Ziel religiöser Bildung für alle Kinder hier gerade ganz großgeschrieben. Vor zwei Wochen gab es im Familienministerium einen Familientag. Alles Theologen, die da vorn sitzen und erzählen, dass den «Kindern Gott nicht vorenthalten» werden soll. Das bringt mich ziemlich auf die Palme. Ich kann mich mit keinem darüber unterhalten. Selbst mit Freunden, die in der Kirche sind, nicht. Da wird immer sofort abgeblockt.

Ein Theologieprofessor, der auf dem Familientag des Familienministeriums sprach, Professor Albert Biesinger, ging wie viele seiner Gesinnungsgenossen mit der Idee hausieren, man müsse die Kinder religiös erziehen, damit sie sich miteinander vertragen, weil «sonst irgendwann einmal die Straßen brennen würden». Der Grundgedanke des friedlichen Miteinanders ist ja gut, aber dass man es erreichen kann, indem man Kindern das Christentum besonders nahebringt, wage ich zu bezweifeln. Denn es steht ja gerade in der Bibel, dass Andersgläubige zu verfolgen sind und Nichtgläubige erst recht. Und dann tritt dieser Theologieprofessor mit der These auf, dass der Glaube dazu führt, dass sich alle vertragen. Das finde ich skandalös.

Nach außen wird das heute von den Kirchenleuten immer so toll präsentiert, auf die Art: «Wir sind ja gar nicht mehr ‹so›, im Gegenteil.» Die Klassenkameraden meines Sohnes mögen den Religionsunterricht deshalb gerne, weil da gemalt, gebastelt, gesungen und gespielt wird. Und das wird dann nach außen verkauft: «Ja, warum sollte man *das hier* denn nicht wollen?»

Ich bin der Ansicht, dass in der Schule neutral über die verschiedenen Religionen und Weltanschauungen unterrichtet werden sollte. Und dann sollte sich jeder aufgrund echten Wissens entscheiden können, wie er sein Leben gestalten möchte. Das fände ich eine ehrliche Sache. Wenn dann einer sagen würde: «Ja, ich finde die christliche Religion oder welche Religion auch immer trotzdem noch gut.» – Nun, das ist dann seine Sache. Solange er nicht gewalttätig gegenüber anderen wird, kann er ruhig seine Rituale ausüben. Aber nicht unbedingt an einer öffentlichen Schule. Ich selbst habe inzwischen eingesehen, dass es sehr wichtig ist, über Religionen zu lernen und daraus Folgen zu ziehen.

Deshalb habe ich mich bei den Elternversammlungen für den Lebenskundeunterricht eingesetzt, aber das wurde von der Schulleitung und der Gesamtelternvertretung total geblockt. Der Lebenskundeunterricht wird vom «Humanistischen Verband»[19] durchgeführt. Leider nur in ganz wenigen Bundesländern, in Berlin vorrangig. Ich habe mir das Rahmenprogramm angeschaut, das vorsieht, die Hintergründe verschiedener Religionen zu beleuchten. Ein zentrales Thema ist, dass man sich untereinander verstehen muss, dass die Menschen untereinander auskommen. Der Lebenskundeunterricht sieht anstelle eines imaginären übernatürlichen Wesens den Menschen im Mittelpunkt unseres Handelns. Das Programm im Ganzen hat mich sehr angesprochen; genau das ist es, was ich meinem Sohn gerne bieten möchte. Wenn die Schule diese Form des Unterrichts zusätzlich angeboten hätte, hätten sich möglicherweise auch ein paar andere Eltern dafür entschieden. Dann hätte eben jeder wählen können. «Katholisch» oder «evangelisch» als einzige Alternativen – das ist zu einseitig. Man sollte sich mal veranschaulichen, in was für eine Erpressungssituation Eltern gebracht werden, die wie wir den

Religionsunterricht ablehnen. Denn Kinder, die nicht an diesem Unterricht teilnehmen, werden in dieser Zeit in andere Klassen abgeschoben, statt dass man ihnen eine sinnvolle alternative Beschäftigung anbietet. Das fühlt sich an wie eine Strafe. Die Eltern haben die Wahl zwischen zwei unannehmbaren Alternativen: Entweder geben sie ihre Kinder trotz ihrer Ablehnung in den Religionsunterricht, oder sie setzen sie der Schmach des Abgeschobenwerdens aus. Das Beste für alle Kinder wäre selbstverständlich ein neutraler Werteunterricht mit informativem Charakter, ohne Indoktrination und ohne Ghettoisierung von Kindern! Religionsunterricht hat an öffentlichen Schulen eigentlich nichts zu suchen! Kinder haben ein Recht auf Wissen statt Glauben!

Ich konnte der Kirche eigentlich noch nie viel abgewinnen, habe sie aber geachtet, da ich annahm, sie würde sich grundsätzlich für Schwache engagieren. Als ich dann genauer hinschaute, merkte ich, dass es verschiedene Gruppen von Schwachen gibt, denen die Kirche nicht nur nicht hilft, sondern vorsätzlich das Leben noch erschwert. Homosexuelle zum Beispiel. Mit denen habe ich mich nach einiger Zeit schon ein wenig identifiziert. Bei mir hat ein Solidarisierungsprozess eingesetzt für Gruppen, denen die Kirche auch das Leben schwermacht. Jeder soll doch leben können, wie er will!

Warum lässt die Kirche diese Leute nicht einfach in Ruhe? Sie behauptet immer, sie sei tolerant zu Minderheiten. Aber ich sehe das nicht so. Sie ist unehrlich. Wenn die Gläubigen von mir akzeptiert werden wollten, müssten sie sich erst mal von den gewaltsamen Aspekten ihrer Lehre befreien. Sie müssten dazu stehen, dass es diese gibt oder gab. Und sie müssten noch lebende Opfer entschädigen und ganz offen mit der Vergangenheit umgehen. Gerade habe ich von den Heimkindern gelesen, die in den christlichen Heimen in den sechziger Jahren misshandelt wurden.

Aber wenn die Kirchen sich wirklich so verhalten würden,

dann wären sie wahrscheinlich nicht mehr das, was sie nun mal sind. Eine solche Reform wäre so tiefgreifend, dass anschließend nur noch sehr wenig vom Ursprünglichen übrig bleiben würde. Eine solche Entwicklung ginge mehr in Richtung einer offenen Gesellschaft, in der jeder machen kann, was er möchte, solange er keinen anderen schädigt. Das ist für mich das Ziel.

Ich denke, ganz viele Menschen sind einfach nur in der Kirche, weil sie an übernatürliche Kräfte glauben. Und diese lassen sich ja wissenschaftlich auch nicht widerlegen. Im Übrigen: Das, woran die meisten Menschen glauben, ist nicht dieser Jahwe, der so blutrünstig ist und, wie in der Bibel nachzulesen, zu Gewalttaten auffordert. Wenn ich über solche Fakten berichte, dann verstehen die Menschen das oft nicht. Das ist im Grunde nicht das, woran sie wirklich glauben. Sie glauben eher an jemanden, der ihnen hilft, wenn sie krank sind, aber das ist nicht identisch mit dem, was die christlichen Kirchen verbreiten! Die profitieren davon, dass die meisten Leute sich nicht informieren. So können sie immer weiter ihre selektive Lehre verbreiten und mächtiger werden. Die meisten Leute gehen auch davon aus, dass mit ihrer Kirchensteuer soziale Projekte finanziert werden. Das geschieht aber nur zu einem ziemlich geringen Prozentsatz, der noch unter der staatlichen Förderung liegt.[20] Wenn die Kirchensteuerzahler darüber aufgeklärt wären und dafür sorgten, dass ihre Gelder wirklich nur für soziale Projekte eingesetzt werden würden, könnten viele Probleme gelöst werden.

Wenn ich in Konfliktsituationen komme, dann hilft es mir auf keinen Fall, an irgendeinen Gott, der irgendwo herumschwirren soll, zu glauben. Ich kann mich nicht hinsetzen und Däumchen drehen in der Hoffnung, da käme dann irgendwann mal jemand vorbei und würde mir helfen. Mir hilft es, selber zur Tat zu schreiten. Auf echte Menschen zuzugehen und um Hilfe zu bitten, ist auch eine Möglichkeit, etwas Greifbares. Aber nicht irgendjemand, der da oben auf einer Wolke sitzen soll oder bei mir im Ohr. Ich will nicht still sitzen bleiben und darauf warten, bis etwas von alleine passiert. Ich muss das Ding selber in die Hand nehmen. Ich muss selber schauen, wo ich was machen, wo ich aktiv werden kann. Ob das nun für ein selbstbestimmtes Leben ohne aufgezwungene religiöse Moral ist oder z. B. für den Nichtraucherschutz, für den ich mich auch engagiert habe.

Besonders den Gläubigen empfehle ich, sich mehr mit den Hintergründen ihres Glaubens *ehrlich* auseinanderzusetzen. Sie können ja weiterhin an einen Gott glauben, wenn sie das Bedürfnis haben. Aber dieser Gott ist mit ziemlicher Sicherheit nicht der, den die Kirchen lehren.

Die ehrliche Auseinandersetzung ist wichtig, vor den grausamen Dingen sollte man nicht die Augen verschließen. Aufrichtig wäre es dann, zu einem Standpunkt zu kommen, wo man sagt: «Ja, ich bin für die und die Punkte aus dem Christentum – aber für die und die Punkte bin ich *nicht.*» – Wenn diese Auseinandersetzung fehlt, sehe ich, wie vorne schon angedeutet, die Gefahr, dass die Kinder zur Unehrlichkeit erzogen werden, indem man ihnen nur die halbe Wahrheit beibringt.

Wenn es bei mir keinen persönlichen Anlass gegeben hätte, hätte ich mich sicher nicht sehr damit auseinandergesetzt. Heute bin ich hellhöriger.

Ich glaube an kein intelligentes Wesen, das über uns Menschen steht und in unser Leben eingreifen kann bzw. dies abhängig von unserem Verhalten tut. Den allgütigen, allwissenden und allmächtigen christlichen Gott kann es nicht geben, das lehren uns die Geschichte und viele traurige Einzelschicksale. Deshalb müssen wir uns auch nicht von denen abhängig machen, die versuchen, die Menschheit bei diesem christlichen Gott zu halten (um ihre eigene Macht zu erhalten).

Die Kirche verachte ich. Insbesondere ihre Heuchelei, ihre

Unehrlichkeit und ihre Vermessenheit, sich trotz all des Dreckes als Moralapostel Nr. 1 hinzustellen, sogenannte Ethikexperten auszusenden, die auch heute noch und wieder mit christlicher Engstirnigkeit über alle Nicht- und Andersgläubigen mitbestimmen, was sie zu tun und zu unterlassen haben. Vielleicht bin ich ja ein Beispiel dafür, dass man sogar mit deutlicher Ablehnung des Christentums, «Gotteslästerung», ein durchaus glückliches Leben führen kann. Oder vielleicht gerade deshalb?

Wer unbedingt an die Existenz eines Gottes glauben will, der die Menschen, die nach wirklich menschlichen Grundsätzen leben, in die große Glückseligkeit befördert, sollte bedenken, dass jener Gott durchaus andere Maßstäbe als der von den Kirchen gepredigte Gott haben würde. Vielleicht verabscheut jener Gott ja gerade die christliche Heuchelei, Feigheit und Arroganz? Vielleicht findet jener Gott mehr an solchen Menschen Gefallen, die Mut zeigen und sich trauen, gegen den Strom zu schwimmen, wenn es sein muss? Solche, die sich inmitten der schweigenden Massen hinstellen und es wagen, das Unaussprechliche zu benennen: die Unehrlichkeit und Doppelzüngigkeit der Kirchen, die Wichtigkeit dessen, dass wir uns alle ehrlich mit Kirchengeschichte auseinandersetzen müssen. Vielleicht mag jener Gott auch solche Menschen, die dann aufstehen und sich nach und nach zu diesem einen dazustellen, obwohl die Masse weiterhin schweigt. Wer weiß?

Ich habe die Vision, jeder Mensch würde in seinem Leben die Welt ein bisschen besser machen. Ich für meinen Teil möchte u. a. gern dazu beitragen, die Menschen zum Nachdenken anzuregen, besonders in dieser Sache. Als Einzelner kann man vielleicht zunächst nicht viel erreichen. Aber jeder von uns kann irgendetwas dafür tun, damit die Menschen glücklich werden und harmonisch zusammenleben.

«Es war damals sehr schmerzhaft für mich, erleben zu müssen, wie meine Lebensgrundlage in Stücke zerbrach.»

Christian G. Langenbach, 39, Trauerredner, ledig

Als Kind wuchs ich in einer bewusst christlichen Familie auf. Meine Eltern gehörten einer Baptistengemeinde an, der christliche Glaube spielte in ihrem Leben daher eine wichtige Rolle. So wuchsen auch wir Kinder von Beginn an mit dieser evangelikal-fundamentalistischen Form des Christentums auf. In unserer Familie war es selbstverständlich, vor dem Essen zu beten oder jeden Sonntag zum Gottesdienst zu gehen.

Als Jugendlicher besuchte ich regelmäßig die Jungschar und den Religionsunterricht dieser Gemeinde. Der dort gelehrte Glaube war für mich zunächst etwas derart unzweifelhaft Richtiges, dass ich nicht einmal auf den Gedanken kam, seine Berechtigung zu hinterfragen. Die meisten meiner gläubigen Altersgenossen ließen sich im Alter von vierzehn bis fünfzehn Jahren taufen und wurden damit vollgültige Mitglieder der Gemeinde. Für einen derartigen Schritt sah ich aber zu jenem Zeitpunkt keinen Anlass, denn ich wartete noch auf ein besonderes Erlebnis mit dem Glauben, bevor ich diese abschließende Entscheidung treffen wollte.

Nach meinem sechzehnten Geburtstag begann ich schließlich damit, mich intensiver als bisher mit anderen Religionen und Konfessionen auseinanderzusetzen. Bei der Beschäftigung mit hinduistischer, buddhistischer und chinesischer Philosophie bemerkte ich, dass manche Ansätze dieser Richtungen wesentlich stringenter und rational überzeugender wirkten als die christlichen Glaubensvorstellungen, die ich als Kind erlernt hatte. Diese Entdeckung erschütterte meinen Kinderglauben so nachhaltig, dass ich mich vorübergehend vom christlichen Glauben abwandte.

Knapp drei Jahre lang stufte ich mich als Agnostiker ein. Ich besaß weiterhin ein lebhaftes Interesse an religiösen Fragen und bemühte mich darum, so viele Informationen wie möglich über die unterschiedlichen Religionen und Weltanschauungen zusammenzutragen. Ich verspürte den brennenden Wunsch danach, die «absolute Wahrheit» zu finden, die es mir ermöglichen sollte, einen Sinn für mein eigenes Leben zu entdecken. Mit meiner agnostischen Position fühlte ich mich damals sehr unglücklich, da ich die Fragen nach dem Sinn des Daseins, nach dem Woher und Wohin, nicht beantworten konnte. Ich ging aber davon aus, dass ich eine Antwort auf diese Fragen unbedingt benötigte, um ein glückliches, erfülltes und sinnvolles Leben führen zu können.

Im Alter von achtzehn Jahren lernte ich während einer schweren Krankheit einige Mormonenmissionare kennen, die damals in unserer Nachbarschaft wohnten. Sie boten mir eine einfache Lösung meines Problems an: Man könne die Wahrheit durch Gefühle erfahren. Wenn jemand also in ihrer Gemeinde beim Lesen des Buches Mormon oder beim Beten positive Gefühle empfinde, dann sei dies ein Beweis für die Wahrheit ihrer Lehre. Leider fehlte es mir damals an der nötigen Lebenserfahrung, um den Fehlschluss in dieser Argumentation zu erkennen. Denn die fraglichen Gefühle stellten sich tatsächlich im Lauf der Zeit ein. Nachdem ich mich etwa ein Jahr lang mit dem Mormonenglauben auseinandergesetzt hatte, kam ich wegen der angenehmen Gefühle, die ich in diesem Zusammenhang erlebt hatte, zu dem Schluss, hier tatsächlich die Wahrheit gefunden zu haben. Ich war überzeugt, dass die Mormonen mit ihrer Behauptung, die wahre Kirche zu sein, recht hätten, und schloss mich ihrer Gemeinschaft an.

Mit der Hinwendung zum christlichen Glauben in der mormonischen Variante gingen weitgehende Veränderungen in meinem Leben einher. Meine Persönlichkeit wandelte sich in den folgenden Jahren stark, und ich entwickelte Eigenschaften, die ich mir niemals zugetraut hätte. Da ich mir damals nicht vorstellen konnte, dass mein neues Ich mein eigenes Werk sein könnte, führte ich diese Veränderungen auf göttliches Eingreifen zurück. Erst viel später entdeckte ich, dass meine Persönlichkeit doch wesentlich vielfältiger war, als ich es zuerst angenommen hatte.

Ich interpretierte meine Wandlung damals als eine «Wiedergeburt» im biblischen Sinn. Diese Erfahrung war dabei kein einmaliges Ereignis, sondern ein Prozess, der sich durch mein ganzes Glaubensleben zog. Am Anfang aber standen einschneidende Gefühlserlebnisse, die mir bewusst machten, dass ich tatsächlich an die Wahrheit der mormonischen Lehren glauben *wollte*. Beim Lesen der heiligen Schriften vermeinte ich, in meinem Inneren die Stimme Gottes zu hören, die unmittelbar zu mir sprach. Es handelte sich nicht um eine körperliche Stimme, die ich mit den äußeren Ohren hätte wahrnehmen können. Aber nichtsdestoweniger erschien mir diese Stimme als völlig real, und ich erlebte sie für mich wesentlich intensiver als alles, was ich mit den äußeren Ohren hätte hören können.

In den folgenden Jahren erlebte ich diese innere Stimme mehrmals. Mehrfach trat die Erfahrung beim Lesen, aber auch beim Nachdenken auf, wenn ich das Gefühl hatte, dass plötzlich ein Gedanke glasklar in mein Bewusstsein drang und mir auf drängende Anliegen eine Antwort gab. Heute weiß ich, dass es meine eigenen psychischen Tiefenschichten waren, mit denen ich dort kommunizierte. Damals jedoch war ich felsenfest davon überzeugt, dass es sich bei dieser «inneren Stimme» nur um die Stimme Gottes bzw. die Einwirkung des Heiligen Geistes handeln könnte.

Andere Erfahrungen konnten mit diesem Erleben gemeinsam, aber auch einzeln auftreten. Die bedeutendste davon war für mich das Gefühl des «Brennens im Herzen», ein Gefühl, als ob ein Feuer im Brustkorb brennt oder als ob man von einer inneren Sonne beschienen wird. Wenn dieses Gefühl auftrat, spürte ich eine starke innerliche Wärme und gleichzeitig ein in diesem Maß noch nie erlebtes Bewusstsein von Kraft und Energie in mir. Tatsächlich erlebte ich meinen Glauben über Jahre hinweg wie eine Art Aufputschmittel. Die mit ihm verbundenen Gefühle waren zwar nicht ständig gleich stark und intensiv, aber sie blieben in dieser Zeit dauerhaft vorhanden und erreichten auch immer wieder die oben beschriebene Intensität.

Meine Bekehrung zum Mormonenglauben löste also erheblich mehr als nur eine vorübergehende Stimmungsveränderung aus. Es handelte sich tatsächlich um eine tiefgreifende Wesensveränderung. Die Probleme, die mich vorher gequält hatten, das Gefühl der Verzweiflung, das Leiden am Dasein, die Suizidgedanken waren verschwunden. Stattdessen fühlte ich mich nun von einem Unmaß an Liebe überschüttet und von einer Geborgenheit eingehüllt, die ich mir vorher nicht hätte erträumen können.

Im Sommer 1990 begann ich mit einem vollzeitigen und ehrenamtlichen Missionsdienst im Ruhrgebiet, um dort anderen Menschen meine Religion nahezubringen. Nach einem zweiwöchigen Aufenthalt in der Missionarsschule der Mormonen in London begab ich mich mit viel Enthusiasmus und großer Begeisterung ins Missionsfeld. Es gab zahlreiche Regeln, an die sich die Missionare halten sollten, und unsere Leiter im Missionsfeld versprachen uns, wenn wir hart arbeiteten, die Missionsregeln exakt befolgten und die Gebote der Mormonenkirche genau einhielten, dann würden wir von Gott gesegnet werden, den Heiligen Geist verspüren und in unserer Missionsarbeit Erfolg haben. Diese Versprechungen erfüllten sich in der Folgezeit nicht. Zunächst bemühte ich mich nach Kräften und strengte mich an, genau nach dem vorgegebenen Programm zu arbeiten und sämtliche Regeln zu beachten. Aber bald musste ich feststellen, dass meine intensiven Bemühungen nicht zu gesteigerten missionarischen Erfolgen führten, sondern nur zu einer zunehmenden Verkrampfung. Auch fühlte ich mich trotz aller Anstrengung nicht im Geringsten geistiger oder erleuchteter. Ich beobachtete außerdem, dass manche der anderen Missionare, die sich eng an den Regeln orientierten, im persönlichen Umgang oft relativ unsympathische Charaktereigenschaften aufwiesen, während andere, die sich weniger intensiv an die Regeln hielten, fröhlicher und freundlicher waren. Häufig hatte ich den Eindruck, dass der Schwerpunkt der von uns erwarteten Tätigkeit darin bestand, möglichst viele der vorgeschriebenen Diskussionen durchzuführen und viele Menschen zu taufen – ohne dabei aber wesentlich auf die Bedürfnisse und Probleme der Menschen einzugehen.

Nach mehreren Monaten vergeblicher Mühen begann ich, die vorgeschriebenen Regeln in zunehmendem Maße zu missachten. Stattdessen folgte ich meiner eigenen Überzeugung, wie die Missionsarbeit aussehen sollte. Mit dieser Einstellung besserte sich mein Empfinden deutlich. Ich hatte jetzt wieder mehr Freude an der Missionsarbeit, fühlte mich geistiger als zuvor, und auch die spirituellen Erlebnisse traten wieder vermehrt auf. Der Erfolg der Missionsarbeit verringerte sich zumindest nicht – wir erreichten nämlich mit unseren Bemühungen nach wie vor kaum jemals, dass sich jemand taufen ließ. Aber es kam mir nun nicht mehr in erster Linie darauf an, einen Erfolg zu produzieren, der sich in Zahlen wiedergeben ließ, sondern für Menschen da zu sein. Da plötzlich konnte ich tatsächlich anderen bei ihren Schwierigkeiten und Problemen helfen – ohne dabei jeden Menschen nur als potenziellen Proselyten anzusehen.

In der Missionarsschule war uns der Grundsatz beigebracht worden: «Liebe ist das erste Gesetz des Himmels.» Im Missionsfeld erklärte man uns dann aber: «Gehorsam ist das erste Gesetz des Himmels!» Ich benötigte eine längere Zeit, um mir bewusst zu werden, dass sich diese beiden Prinzipien widersprachen. Es war auf Dauer nicht möglich, mich anderen Menschen liebevoll und aufmerksam zuzuwenden, und gleichzeitig ein Programm zu befolgen, das ausschließlich auf messbaren Erfolg in Form von Taufzahlen ausgerichtet war. Dieser Zwiespalt belastete mich in zunehmendem Maße. Bedingt durch den Stress entwickelte ich gesundheitliche Probleme und brach den Missionsdienst schließlich vorzeitig ab. Da ich dafür gesundheitliche Gründe vorweisen konnte, erhielt ich eine ehrenvolle Entlassung. Meine keimenden Zweifel an der Mormonenkirche behielt ich zu dieser Zeit noch für mich.

Bei der Rückkehr in meine Heimatgemeinde wurde ich sehr freundlich und liebevoll aufgenommen. Für einige Zeit glaubte ich, dass ich meine Zweifel unterdrücken und die Widersprüche, die mir während der Missionstätigkeit aufgefallen waren, ignorieren könnte. Ich konzentrierte mich dafür auf die zahlreichen schönen und angenehmen Erfahrungen, die ich mit meinem Glauben erlebt hatte. Aber allmählich wurde mir in zunehmendem Maß klar, dass ich mich selbst und meine Glaubensgeschwister täuschte, dass ich den felsenfesten und unerschütterlichen Glauben nur noch heuchelte. Ich glaubte jetzt nicht mehr blind, sondern hatte angefangen, über meine Glaubensinhalte nachzudenken und einzelne Aussagen der Mormonenkirche in Zweifel zu ziehen. Diese Vorgehensweise, die meinem kritischen Verstand wieder Raum gab und ihn nicht mehr mit dem Hinweis auf Gefühlserlebnisse unterdrückte, erwies sich für meinen Glauben auf lange Sicht als tödlich.

In meiner Heimatgemeinde war ich als Sonntagsschullehrer eingeteilt worden. Sonntag für Sonntag erklärte ich den Jugendlichen die heiligen Schriften, wobei mir ein Leitfaden die Themen vorgab. Dann fiel mir auf, dass ich die Jugendlichen anlog.

Ich sollte ihnen verkünden, dass die Gläubigen im Gegensatz zu den Ungläubigen in Not und Elend von Gott beschützt und bewahrt werden. Auch wenn manche der Gläubigen gerne von ihren «wundervollen Bewahrungen» erzählen – jeder Mensch, der offene Augen hat, kann sehen, dass Gläubige in keiner Weise weniger von Kriegen, Verbrechen, Unfällen oder Naturkatastrophen betroffen werden als Ungläubige. Der «Segen Gottes», wenn es ihn überhaupt gibt, kann sich also nur auf den geistigen Bereich erstrecken. Nur für das Jenseits können die Religionen den Menschen Versprechungen machen – alle Verheißungen, die sich auf das diesseitige Leben bezogen, waren offensichtlich erlogen. Auch die Tätigkeit als Sonntagsschullehrer gab ich deshalb auf, offiziell wieder aus gesundheitlichen Gründen. Diese Gründe waren nicht nur vorgetäuscht, denn durch meine allmähliche Abwendung vom Glauben, der bisher mein Lebensfundament dargestellt hatte, erlebte ich starken Stress und wurde tatsächlich krank. Nachdem meine Glaubenssicherheit erschüttert war, kehrten die Depressionen wieder zurück, die ich nach meiner Bekehrung für überwunden gehalten hatte. Erst nach längerer Zeit gelang es mir, mich aus diesen Depressionen wieder herauszuarbeiten. Ich fühlte mich besser, als ich ganz mit dem Glauben brach und einen endgültigen Schlussstrich unter diese Episode meines Lebens zog. Im Dezember 1993 erklärte ich nach fast sieben Jahren Mitgliedschaft meinen Austritt aus der Mormonenkirche, nachdem ich mir bewusst geworden war, dass sich meine persönliche Überzeugung vollends vom Mormonenglauben über theistische und pantheistische zu atheistischen Positionen gewandelt hatte. Seither bezeichne ich mich als Atheisten.

Bis zu dieser Entscheidung war es aber noch ein weiter Weg. Zuerst nahm ich mir nun die kirchliche Literatur vor, die ich zur Verfügung hatte, und ging die Glaubenslehre, der ich bisher angehangen hatte, noch einmal Punkt für Punkt durch. Dabei stellte ich mir die Fragen: Ist das überzeugend, was die Mormonenkirche lehrt, ist es rational einsichtig, und ist es sinnvoll für mich, an diesen Lehren festzuhalten? Zu meinem Erschrecken musste ich mir selbst gegenüber zugeben, dass nichts davon rational überzeugend war. Wenn ich meinen Verstand nicht absichtlich unterdrückte, dann war es offensichtlich, dass es sich ausschließlich um substanzlose Spekulationen handelte.

Nun hatte ich den Verdacht, dass mein Problem mit dem Glauben vielleicht an den besonderen Lehren der Mormonenkirche läge. Ich hoffte, dass ich in einer anderen Glaubensgemeinschaft die Sicherheit und Geborgenheit wieder finden könnte, die ich bei den Mormonen verloren hatte. Also besuchte ich andere religiöse Gemeinschaften verschiedener Traditionen und setzte mich intensiv mit ihrer Literatur auseinander. Auf diese Weise wollte ich nachprüfen, ob sich mir hier eine Möglichkeit bot, eine neue geistige Heimat zu finden. Aber ich kam bei der geistigen Auseinandersetzung mit den unterschiedlichen Glaubenslehren stets zum gleichen Ergebnis: Alle Glaubensrichtungen basierten nur auf unbeweisbaren Annahmen, keine konnte mir die verlorene Sicherheit wiedergeben, und dennoch verlangten sie bedingungslose Anerkennung. Aber nach den negativen Erfahrungen bei den Mormonen wollte ich keinesfalls noch einmal den Fehler begehen, mich auf einen blinden Glauben einzulassen.

So zerbrach mir mein Glaube unter den Händen. Eine Glaubensaussage nach der anderen entpuppte sich als rational nicht begründbare Spekulation ohne irgendeine Nachweismöglichkeit. Es war damals sehr schmerzhaft für mich, erleben zu müssen, wie meine Lebensgrundlage in Stücke zerbrach. Aber wenn ich mir selbst gegenüber ehrlich sein wollte, gab es keine Alternative. Ich musste das Fundament meines Lebens zertrümmern, um feststellen zu können, ob es daran tatsächlich etwas Unzerstörbares gab, etwas Unbezweifelbares, etwas, das sich nicht in Frage stellen ließ. Doch nichts blieb von den religiösen Lehren und angeblichen «Wahrheiten» übrig – nichts davon konnte dem kritischen Blick rationaler Überlegung standhalten.

Ich sah mich letztlich dazu gezwungen, mir einzugestehen, dass ich sieben Jahre meines Lebens mit einer Lüge verschwendet hatte. Ich hatte mich und andere Menschen belogen. Ich hatte meinen Verstand verleugnet, um an eine «absolute Wahrheit» glauben zu können. Als ich damit begann, mich innerlich wieder von der Mormonenkirche zu lösen, kehrten zunächst meine Depressionen wieder zurück, während sie dann nach meinem Austritt aus der Mormonenkirche bald seltener wurden und innerhalb von zwei Jahren gänzlich aufhörten.

Seit meiner Abwendung vom religiösen Glauben stützt sich meine Welt- und Lebensanschauung auf meine Vernunft und mein Gewissen. Meine neue geistige Heimat ist der Humanismus. Darin fließen Anregungen durch Denker und Philosophen vom Altertum bis zur Gegenwart ein, von der altindischen Philosophie der Gedanke der All-Einheit, von der chinesischen Philosophie des Konfuzius und Lao-tse, von den antiken griechischen und römischen Philosophenschulen der Sokratiker und Platoniker, der Stoiker und Epikureer bis zu neuzeitlichen Philosophen wie Ludwig Feuerbach und modernen Vorbildern wie Mahatma Gandhi und Albert Schweitzer. Nachdem ich auf den Glauben an göttliche Wesen verzichtet habe, widme ich mein Leben dem Dienst am Mitmenschen. Dabei ist die humanistische Einstellung für mich nicht an die eigene Spezies gebunden. Auch andere Lebensformen, Tiere und Pflanzen, müssen mit Achtung, Respekt und Behutsamkeit behandelt werden. Eine Auswirkung dieser Überzeugung ist die vegetarische Ernährung. Die Hinwendung zum «Leben, das leben will» im Sinne Albert Schweitzers gibt meinem eigenen Leben den Sinn, den mir die Religion nicht mehr geben kann.

Indem ich lernte, über meine eigenen Probleme hinaus auf die Nöte und Schwierigkeiten anderer Menschen zu blicken, begann sich mein Horizont zu erweitern. Ich blieb nun nicht mehr, wie in den Phasen der Depression, auf meine eigene Person fixiert, sondern suchte, anderen zu helfen und das Gute in der Welt zu fördern. Sobald ich damit begonnen hatte, verschwanden Depressionen und Unsicherheit schnell, und bald hatte mein Leben seinen neuen Sinn gefunden. Seitdem bin ich glücklich damit, ein Humanist zu sein. Nach dem religiösen Glauben sehne ich mich nicht mehr zurück, denn ich habe etwas wesentlich Besseres gefunden.

In meiner Familie gab es einige Diskussionen darüber, als ich mich vom Glauben abwandte. Andererseits waren meine Eltern sehr besorgt gewesen, als ich mich den Mormonen anschloss. Meine Abwendung von der Mormonenkirche wurde also gerne akzeptiert. Dass ich mich dann jedoch für eine atheistische Welt- und Lebensanschauung entschied, stieß nicht auf Begeisterung. Ich bin nach wie vor der einzige erklärte Atheist in der Familie. Aber meine Eltern und Geschwister haben es akzeptiert, dass ich diesen Weg gewählt habe, und belassen mir meine Überzeugung, ohne mich daran hindern oder «bekehren» zu wollen. Umgekehrt belasse ich ihnen ihren christlichen Glauben und versuche nicht, ihnen ihre Glaubensüberzeugungen auszureden.

Im beruflichen Umfeld (Ausbildung, Studium, Praktika, Berufstätigkeit) hatte ich mit meiner atheistischen Überzeugung keine Probleme. Ich bin nicht als Prediger des Atheismus aufgetreten, aber habe meine Überzeugung auch nicht versteckt, wenn das Gespräch darauf kam. Auseinandersetzungen aus diesem Grund gab es nie.

Nach meiner Abwendung vom Glauben bin ich anderen Menschen gegenüber großzügiger geworden als zuvor. Jetzt stufe ich das Leben anderer nicht mehr voreilig als «sündig» ein, wenn es nicht mit meinen eigenen Prinzipien übereinstimmt.

Mein Leben ist jetzt auch nicht mehr darauf ausgerichtet, nach diesem Erdenleben in einer jenseitigen Existenz einer Belohnung für richtiges Verhalten teilhaftig zu werden oder gar einer Bestrafung im Jenseits zu entgehen. Das Gute tue ich nur noch deswegen, weil es gut ist und weil ich das Gute will, ohne Hoffnung auf Belohnung oder Furcht vor Strafen. Das richtige Verhalten trägt seinen Lohn in sich selbst und benötigt keine Bestätigung von einer äußeren Instanz.

Dieses irdische Leben, als das einzige, von dem ich Kenntnis habe, ist mir wertvoller geworden als zuvor. Da ich nicht mehr von einer Fortsetzung meiner Existenz im Jenseits ausgehe, möchte ich dieses eine Leben, das mir zur Verfügung steht, so gut wie möglich ausnutzen, um darin das zu verwirklichen, was mir wichtig ist.

Ich möchte darauf hinweisen, dass es möglich ist, sich von religiösen Vorstellungen zu lösen und danach ein glückliches Leben ohne religiösen Bezug zu führen. Die Ablösung von religiösem Glauben mag zunächst schmerzhaft sein, aber die dadurch errungene Freiheit ist diese Mühe wert. Während ich noch der Mormonenkirche angehörte, hielt ich mich selbst eine lange Zeit über für glücklich. Zu dieser Zeit war ich mir allerdings auch noch nicht bewusst, was mir durch die Einkesselung in diesem geistigen Käfig entging. Erst als ich damit aufhörte, mich selbst zu täuschen, war ich allmählich in der Lage, Religion als das zu erkennen, was sie ist: eine grundlose Spekulation ohne Wahrheitsgehalt.

Heute liegt diese Welt des Glaubens weit hinter mir. Die geistigen Wunden jener Zeit sind inzwischen vernarbt, aber wenn ich daran zurückdenke, dann spüre ich immer noch den Nachhall der damaligen Erfahrungen. Noch heute sind mir die Schmerzen, die Enttäuschung und das Erschrecken gegenwärtig, die ich damals erlebte, als ich endlich die Unwahrheit jener Glaubenslehren erkannte und mir meiner realen Situation bewusst wurde. Ich will niemals wieder in die Welt des Glaubens zurückkehren. Ich kann jeden Menschen nur eindringlich davor warnen, sich auf einen blinden Glauben gegenüber einer angeblich «absoluten Wahrheit» einzulassen. Aber jeder Mensch muss für sein Leben seine eigenen Entscheidungen treffen, und manche Erkenntnisse werden erst durch schmerzhafte Erfahrungen gewonnen.

Zudem ist es mir wichtig, aufzuzeigen, dass ein erfülltes und sinnvolles Leben auch ohne einen religiösen Glauben möglich ist. Der Humanismus eröffnet Perspektiven für ein Leben jenseits der Religion, worin die Zielsetzungen und Ideale nicht mehr mit der Realität im Widerspruch stehen müssen. Ethik bzw. Moral sind nicht von religiösen Wertsystemen abhängig. Es ist möglich, ethisch zu handeln, ohne eine religiöse Begründung dafür zu benötigen.

HAST DU DAS GELESEN ?! IN AMERIKA HABEN SIE EINEN HINGERICHTET, DER WAR DREI TAGE TOT, DANN IST ER AUS DER LEICHENHALLE GELAUFEN UND ZUM HIMMEL GEFLOGEN !
DIE SPINNEN JA! WER SOLL DAS DENN GLAUBEN ?!

«Man erntet meistens Ablehnung bis Hass.»

Michael Heckert, 55 Jahre, Künstler, Köln/Bonn

Zu Beginn meiner «Menschwerdung» war ich Kaufmann. Ich musste, von der Mutter her befohlen, zunächst einen vernünftigen Beruf erlernen und habe später umgeschwenkt – es hat mich große Anstrengungen gekostet, aus diesem Milieu, das mich unglücklich gemacht hat, überhaupt herauszukommen, und zwar hin zur Malerei. Und da begann mein zweites Leben. Da war ich 26, begann mein Studium – und das war für mich, als hätten sich die Tore zum Paradies geöffnet. Es war wunderbar, und seitdem bin ich Künstler und bereue es nicht. Obwohl es manchmal auch schwierige Zeiten gibt, aber wer hat die nicht?

Im Grunde habe ich kaum Erfahrungen mit Religion gemacht. In der Familie war das nie ein Thema. Und wenn dort so etwas nicht besprochen oder praktiziert wird, dann kriegt man das auch wenig mit. Die Sozialisation fehlt. Und meine Mutter glaubte sowieso nicht an Gott. Das kannte sie von *ihrer* Familie auch nicht anders, und so hat sich das irgendwie fortgepflanzt. Ich fand es als Kind schon immer merkwürdig, wenn Leute in die Kirche gingen, religiöse Rituale vollführten, ich fand das lächerlich. Und ich hatte ein instinktives Misstrauen gegen das, was ich da sah. Was sollte es bedeuten? Das waren Formen, die sich vor meinen Augen abspielten, nichts weiter. Gespürt habe ich nie etwas dabei. Deshalb habe ich das nicht weiter verfolgt. Wir wurden auch nicht zum Kirchgang angehalten.

Einen Kontakt zu dieser Materie bekam ich natürlich in der Schule im Religionsunterricht. Da hatte ich seltsamerweise immer eine Eins. Und beim Konfirmandenunterricht wurde das

Thema dann wieder an einen herangetragen, zudem musste man vor der eigentlichen Konfirmation ja in die Kirche. Aber danach war ich nie wieder dort, außer zu Hochzeiten oder sonstigen Anlässen. Und als Jugendlicher habe ich mich darum gar nicht weiter gekümmert, habe das links liegen lassen.

Die Schöpfung, dieses Kreieren von etwas, was vorher nicht da war, das hat mich eigentlich sozusagen abgewiesen oder zurückschrecken lassen vor der Religion, ja. Endgültig.

Dadurch, dass Sie selber als Künstler tätig sind.

Ganz genau. Das ist, glaube ich, ein entscheidender Punkt, und auch der Einsatz meines Verstandes hat mir das irgendwie gesagt. Indem ich das eine erkannt habe – ich bin mein eigener Gott –, das sage ich mal ein bisschen anmaßend, kam der Ausschluss des anderen. So kann man das vielleicht sagen. Ich freue mich, dass ich Geist und Verstand habe, sie auch einsetze und dass sie im Laufe des Lebens wachsen. Sie lassen einen im Alter manches anders sehen als in der Jugend. Ich schaffe Dinge selbst – und die anderen, die lassen sich schaffen. Die lassen sich sozusagen ihren Sinn implizieren oder vorgeben und halten sich dann daran, während ich mir ganz klar meinen Sinn selbst schaffe. Das ist sicher auch eine entscheidende Aussage. Michael Schmidt-Salomon hat einmal einen wunderbaren Satz gesagt: «Wer die Wissenschaft, die Philosophie und die Kunst hat, braucht keinen Gott.» Und wenn Leute Religiosität, kirchliche Geschichten so unkritisch aufnehmen, finde ich das einfach dumm.

Die Idee der Verbindung von Humanismus und Wissenschaft und Philosophie finde ich indes sehr gut. Das ist eine tolle Mischung, damit kann ich mich anfreunden. Ich habe allerdings ein bisschen Angst: Ich war immer gegen Vereine oder Vereinigungen, die einer bestimmten Ideologie hinterherlaufen. Ich bin zwar ein gesellschaftlicher und kommunikativer Mensch, ich liebe Menschen. Aber mit solchen Sachen halte ich mich eigentlich immer etwas zurück. Da spielt vielleicht auch die Individualität des Künstlers hinein, das ist ja auch ein einsamer Beruf. Man ist immer alleine, wenn man arbeitet.

Was füllt mein Leben aus? Ich hab mir natürlich auch Gedanken gemacht im Laufe meines Lebens, auch deshalb, weil ich, wie jeder andere, älter werde. Man ist kein junger Hüpfer mehr! Ich bin noch relativ jugendlich, aber eben doch schon 55. Besonders dann, wenn Menschen aus der Familie sterben, wird einem die Endlichkeit des Lebens vor Augen geführt. Ich habe immer gesagt: Der Sinn des Lebens ist das Leben selbst. Und in meiner Eigenschaft als Künstler habe ich großes Selbstbewusstsein, also im Wortsinn: *Selbst-Bewusstsein*, das heißt: *Ich bin mir meiner selbst bewusst*, ich habe Kraft und Energie, ich zweifle nicht, ich habe keine Probleme mit mir, ich muss nicht hinter jeder Windung einen Sinn, eine Bedeutung sehen. Das Leben ist da, und viele Leute können nicht begreifen, dass es aus sich selbst heraus besteht, sich selbst einen Sinn gibt. Und wenn ich als Künstler tätig bin, erschaffe ich – und sehe, was das für eine ungeheure Lust und Kraft macht und Befriedigung gibt. Und ich schöpfe aus Ressourcen, die in mir sind und die unerschöpflich sind. Und das ist ein ganz bewusster und glücklicher Vorgang – und ja, das gibt mir Sinn.

Die Liebe ist ebenso ein ganz wesentlicher Faktor. Ich habe Beziehungen zu vielen Frauen gehabt: Ich bin geliebt worden, ich habe geliebt, das war wunderbar, auch mit allen Enttäuschungen, die man erlebt. Die Liebe würde ich sogar der Kunst voranstellen. Weil die Liebe Ähnliches bewirkt wie die Kunst, man kann ähnliche Erfahrungen von Sinn und Bedeutung empfinden. Nicht im religiösen Sinn, sondern einfach im *Tun*, im Leben. Ich habe Situationen erlebt, in denen ich absolut glücklich war. Ganz oben, nur für ein paar Sekunden. So ist das auch mit der Kunst. – Aber für dies alles brauche ich eben keine Religion, das kommt aus dem Leben heraus.

Ich bin ohnehin skeptisch, wenn jemand glaubt, mir sagen zu müssen, was ich zu tun habe. Immer empfindlicher, je älter ich werde. Ich bin ein autarker Mensch in jedem Sinne, ich habe meine Erkenntnisse und Philosophien selbst erschaffen oder geschaffen, und da lasse ich mir auch nicht reinreden.

Wenn man mal mit Gleichgesinnten sprechen will, ist das äußerst schwierig. Man muss verdammt vorsichtig sein. Hier in Köln gibt es ja hundert Kirchen. Wenn man an einem Tisch sitzt mit einer Runde von mehreren Leuten und schneidet dieses Thema an, haut seine Ansichten unvorsichtigerweise einfach so raus, erntet man meistens Ablehnung, manchmal sogar Hass. Man kann seine Meinung gar nicht frei und unprätentiös von sich geben. Einer ist immer religiös. Selbst bei Freundinnen, bei Geliebten ist das ein heikles Thema. Und darum ist es klug, das Terrain vorher abzustecken, zu gucken: Könnte jemand Anstoß nehmen? Mit den Menschen, die das tun, kann man keine Diskussion führen, die lehnen das ab – jedenfalls meiner Erfahrung nach. Man kann mit diesen Leuten nicht diskutieren. Die steigern sich in solchen Gesprächen bis in den Hass, und dann wird die Diskussion abgebrochen, man wird wütend, die Runde wird verlassen. An die Vernunft zu appellieren, ist fast nicht möglich. Das war für mich eine ganz entscheidende Erfahrung, weil ich ein frei denkender Mensch bin und mich über alles unterhalten kann. Es hat mich doch entsetzt, wie verbissen die Menschen sind, wenn es um Religion geht. Da schlagen schnell die Wellen hoch! Das gibt sich erst wieder, wenn man das Thema nicht weiterverfolgt. Oft will ich doch das letzte Wort haben und sagen: Komm, sei mal vernünftig, denk doch mal nach. Glauben und Wissen sind zwei völlig verschiedene Dinge. – Ich appelliere nur an den Verstand, nachzudenken darüber, dass es angesichts des Kosmos und allem, was die Wissenschaft bis jetzt errungen hat, nicht sein kann, dass es diesen persönlichen Gott gibt. Das ist wirklich unmöglich. Doch Gläubige wollen das nicht wahrhaben. Und zwar deshalb nicht, weil sie dadurch existenziell bedroht wären. Die wären völlig hilflos, und das macht natürlich Angst. Das ist auch psychologisch ganz interessant. Wenn man im Diesseits schon Mühsal erfährt, Knechtschaft und Ungerechtigkeiten, dann muss es wenigstens das Jenseits geben, das Paradies. Wenn man ihnen das noch nimmt, ist das ganz, ganz furchtbar.

Können Sie das noch etwas genauer erläutern?

Meine Vermutung war und ist: Der Gedanke, dass es kein Paradies keinen Gott gibt, löst bei diesen Menschen wirklich Angst aus, und deshalb werden sie aggressiv. Einer hat mir mal schroff entgegnet: «Nein, das stimmt nicht.» Und: «Aber ich glaube das!» Er führte das auch nicht genau aus oder erklärte es. Aber wenn einer sagt: «Ich glaube das», dann kommt man mit Vernunft überhaupt nicht dagegen an. Wenn jemand etwas *glaubt* – dann ist Schluss, dann ist Feierabend mit jeder Diskussion!

Deutlich wurde mir diese ganze Un- und Widersinnigkeit von Religion außerdem an dem absurden Verhalten religiöser Fanatiker. Das habe ich missbilligt und gesagt: Das sind doch Dummköpfe. Das müssen Dummköpfe sein, die einfach nicht nachdenken.

Es ist doch hirnrissig, etwas nur deshalb zu glauben, weil es in einem Buch steht. Man muss keine bestimmten Vorgaben erfüllen, man muss nicht fünfmal am Tag beten, man muss nur selber klar denken und sein Leben gestalten. Man ist von niemandem abhängig. Das finde ich einfach wunderbar.

Dabei missachte ich aber nicht die Grenzen anderer! Natürlich habe ich eine gewisse Erziehung genossen. Man soll sich so verhalten, dass es dem anderen nicht schadet. Das ist schon mein oberstes Gebot, ich zitiere Goethe: «Edel sei der Mensch, hilfreich und gut.» Das reicht mir, wenn ich mein Leben in dieser Weise lebe, aber ohne religiöse Vorgaben. Ganz klar.

Gibt es etwas, was Sie anderen Leuten gerne mitgeben würden auf deren Weg?

Ich sage nur: Gebraucht euren Verstand, guckt genau hin. Das würde ich ganz knapp sagen. Das reicht. Ich lebe das, was ich leben möchte, soweit es möglich ist. Ich habe große Freiheiten. Ich kann machen, was ich will, kreativ sein. Es ist ein unheimliches Glück, kreativ zu arbeiten, Neues auszuprobieren, das ist wunderbar. Und morgens lange schlafen können, das ist auch toll!

SEHEN SIE HIER DEN GROSSEN SCHWARZEN FLECK ?!
DAS IST DIE ERBSÜNDE.

«Ich habe ein zutiefst zufriedenes Gefühl im Bauch, dass die Welt, wie sie ist, gut ist ...»

Ralf König, 48, Comiczeichner und Autor, Köln, schwul

Mit seinen witzigen, oft auch hintersinnigen und bewegenden Geschichten hat sich Ralf König stets gegen die Vorurteile gegenüber Schwulen und Lesben engagiert und dadurch spürbar zu einer gesellschaftlichen Liberalisierung beigetragen. Seine Bücher wurden in bislang 13 Sprachen übersetzt. Mit einer Gesamtauflage von fast sieben Millionen Exemplaren ist er heute der weltweit populärste Autor explizit schwuler Geschichten. Vier seiner Werke wurden für das Kino verfilmt, etliche als Puppenspiel oder Theaterstück aufgeführt. Zu seinen bekanntesten Werken gehören «Der bewegte Mann», verfilmt von Sönke Wortmann, sowie «Kondom des Grauens» und «Lysistrata».[21]

Ich bin in einem kleinen Dorf im katholischen Westfalen aufgewachsen. Meine Eltern waren wenig religiös, es wurde auch nie über Religiöses gesprochen. Aber dazu gab es keinen intellektuellen Überbau, meine Eltern sind ganz einfache Leute, die Religion nicht generell in Frage stellten, sich aber auch nicht sonderlich dafür interessierten. Wir gingen sonntags z. B. nicht in die Kirche, da meine Mutter meinte, da «zeigen die ja doch alle nur ihre neuen Kleider». Es gab ein Kruzifix an der Schlafzimmerwand meiner Eltern, wohl, weil's sich so gehört. Ich nahm das in der Pubertät immer ab, wenn ich mir heimlich die Super-8-Pornofilme meines Vaters ansah und die Wand als Projektionsfläche brauchte.

Es gab also wenig Religion in meinem Elternhaus, dagegen eine sehr gesunde Einstellung zum Leben und zur Natur. Der Respekt vor allem, was kreucht und fleucht, war allgegenwärtig, und wenn eine dicke Spinne in meinem Zimmer war, nahm meine Mutter sie vorsichtig mit der Hand, um sie nicht zu verletzen, und setzte sie ins Freie. Wir hatten immer Haustiere und wilde Tiere in Pflege, wenn sie krank oder verletzt waren. Ich schreibe das, weil von Gläubigen immer gern behauptet wird, nur da, wo ihr Gott ist, sei Liebe zum Mitgeschöpf und menschliche Ethik. Meine sehr religiöse Tante hatte dagegen wenig Skrupel, auf alles mit dem Besen zu hauen, was es wagte, in ihre Wohnung zu krabbeln.

Gott fand also nur in der Schule statt, in Schulmessen und im Religionsunterricht, und ich hatte als Kind einen Freund, der sehr katholisch erzogen wurde und heute bezeichnenderweise selbst Pfarrer ist. Wenn ich mittags bei seiner Familie war, fand ich es immer befremdlich, wenn bei Tisch gebetet wurde. Ich wusste nie, wie ich mich verhalten sollte: Nicht zu beten, erschien mir ungehörig und rebellisch, mitzubeten als Heuchelei. Ich entschied mich aber immer fürs Erstere. Es war für mich immer sehr irritierend, wenn mein Freund in der Fastenzeit «Opfer bringen» musste. Wir wollten mal zusammen ins Kino, aber er durfte nicht, weil er ein «Opfer bringen» und Verzicht üben sollte.

Später bekam ich durch ihn auch den ersten Eindruck von katholischer Sexualfeindlichkeit. In meinem Elternhaus lagen diese 70er-Jahre-Tittenheftchen selbstverständlich überall rum, weil mein Vater die las. Ich interessierte mich eher für die Witzseiten. Mein Freund blätterte aber immer mit hochrotem Kopf in den Heften rum, der war dann gar nicht ansprechbar, und wenn meine Mutter plötzlich ins Zimmer kam, schleuderte er die Illustrierte panisch von sich. Später, als ich mit 18 meine eigene Wohnung hatte, besuchte er mich regelmäßig auch dort, aber es ging bei den Besuchen weniger um mich als um die Hardcorepornos in meinem Regal. Er war dann beim Blättern so verkrampft und stumm, dass ich meist in die Küche ging und ihn mit der Sünde lieber allein ließ.

Mit ungefähr 14 Jahren entdeckte ich die Bücher von Hoimar von Ditfurth. Seine vier Bücher, «Kinder des Weltalls» über den Kosmos, «Am Anfang war der Wasserstoff» über die Entstehung der Erde und des Lebens auf ihr, «Der Geist fiel nicht vom Himmel» über die Evolution unseres Gehirns und schließlich «Wir sind nicht nur von dieser Welt» über Religion kontra Naturwissenschaft, waren quasi mein geistiges Erwachen. Ich hatte mir vorher nie wirklich Gedanken über diese Welt gemacht, und nun erfuhr ich z. B., dass die kleinen leuchtenden Punkte am Himmel alles Sonnen sind, nur eben sehr, sehr weit entfernte. Das hat mich umgehauen. Mit diesen Erkenntnissen waren dann all diese ohnehin unglaubwürdigen Geschichten von Adam und Eva und von einem, der aus einer Jungfrau geboren wurde und nach dem Tod erwachte und zum Himmel entflog, für mich endgültig purer Aberglaube. Diese Geschichten machen die eigentlich staunens- und bewundernswerte Realität so piefig und klein! Jedes Foto vom Hubble-Teleskop lässt mich Ehrfurcht vor der Existenz der Welt empfinden, die Bibelgeschichten dagegen lassen mich kalt.

Ich war immer ein sexueller Mensch und wurde wie erwähnt auch nicht dazu erzogen, dass ich mich dafür schämen müsste. Aber gerade die Sexualität ist ja der große Teufelshuf in der Kirche, dieses Verklären oder Verdammen alles Körperlichen, dieses Gegeneinanderstellen von Leib und Geist, da war ich, zumal als schwuler Mann, natürlich schon sehr früh kontra. Wenn aus diesen tausende Jahre alten Mythen, die sich irgendwelche bärtigen Männer in der Wüste zurechtphantasiert haben, hergeleitet wird, wie ich mich als Mensch heute moralisch zu verhalten habe, dann hört's endgültig auf, harmlos zu sein!

Wie viele Menschen habe ich selten in der Bibel gelesen, weil sie mich schlichtweg nie interessierte. Jetzt lese ich sie, weil ich mich in Zeiten ansteigenden religiösen Bimbams mit dem Thema verstärkt auseinandersetzen will, und jedem, der sich noch

«Christ» nennt, weil diese Bezeichnung vermeintlich «guter Mensch» meint, der aber auch selten in die Bibel guckt, sei angeraten, sich diese Texte wirklich mal durchzulesen. Da steht nämlich nicht nur die Bergpredigt. Ich befasse mich derzeit mit Paulus, und solche Hasstiraden gegen alles, was sinnenfroh ist, hab ich selten gelesen. Freude ist nur durch den Glauben an Christus und Gott erlaubt, alles andere, besonders das Körperliche, Sexuelle, wird verächtlich in den Boden gestampft. Das wonnebringende Heil liegt im Jenseits, das Diesseits ist nur angeekelt abzuschütteln. Dass diese Ideologie der ethische, moralische Leitfaden dieser Gesellschaft sein soll, macht mir Angst. Wie da über Frauen, Schwule, über Wissenschaft und Philosophie gerichtet wird, ist erschreckend, und die kirchlich historische Vergangenheit zeigt ja nur zu deutlich, wohin es die Menschen geführt hat, wenn dieser Gott unangefochten, um mit Kardinal Meisner zu sprechen, in der «Mitte» der Gesellschaft ist.

Vor Priestern und Päpsten und Imamen hab ich eh einen regelrechten Ekel. Ausgerechnet verbitterte alte Männer, die von Lust und Freude keinen Schimmer haben, patentieren sich einen besonderen Draht zu einem imaginären Gott und meinen, die Menschen nach ihren Verklemmtheiten belehren und tadeln zu dürfen! Ich verstehe nicht, wie man noch in dieser Kirche Mitglied sein kann, bei diesem Urtext und der daraus folgenden historischen Geschichte mit all den Verbrechen gegen Menschlichkeit und Vernunft. Ich verstehe schon überhaupt nicht, wie man an einen persönlichen Gott glauben kann, der banal menschlich wie ein Pascha im Himmel prüft, richtet und straft, und nur eifersüchtig zur Bedingung macht, dass man an IHN glaubt und an nichts sonst.

Warum hält sich Religion so hartnäckig? Die Menschen haben Angst vor dem Tod, suchen verzweifelt den Sinn hinter allem, und sie wünschen sich Gerechtigkeit. Sie können nicht ertragen, dass einem Saddam nach dem Tod das Gleiche widerfährt wie einem Gandhi – nämlich gar nichts. Kein Gericht, keine Abrechnung. Aber das wäre doch ein Grund mehr, sich auch beim Umgang mit Tyrannen und Wohltätern auf dieses Leben zu konzentrieren und nicht auf irgendein nächstes.

Jeder bewusste Blick in den klaren Sternenhimmel gibt mir das, was Gläubige in ihren Kirchen und Moscheen suchen, nämlich Trost und Gelassenheit. Trost, was den Tod betrifft, und Gelassenheit im Leben. Ich habe ein zutiefst zufriedenes Gefühl im Bauch, dass die Welt, wie sie ist, gut ist, auch wenn ich sie und meine kurze Rolle in ihr nicht verstehe. Ich kann gut damit leben, dass ich das große Mysterium der Existenz nicht begreife, ich finde den kleinen Ausschnitt der Erkenntnis schon bewundernswert genug, den ich durch Naturwissenschaft und Philosophie über mich und die Welt erfahre. Mit dieser Sichtweise der Dinge rauszugehen und mich für Aufklärung zu engagieren, gibt mir Sinn im Leben, ich habe das sichere Gefühl, im Sinne menschlicher Vernunft das Richtige zu tun.

Natürlich habe auch ich Angst vor Schicksalsschlägen oder Krankheit, aber ich bin mir sicher, dass die meisten Gläubigen damit mehr Probleme haben.

Ich habe mich in meiner Arbeit zur Religion bisher nur gelegentlich laut geäußert, darum eckte ich auch mit meiner Haltung selten an. Das kann sich möglicherweise in Zukunft ändern. Ich habe z. B. in der FAZ die Gelegenheit gehabt, für zwei Wochen einen täglichen Comic zu zeichnen, der hieß «Prototyp». Der war dann prompt religiös, eine wie ich fand eher harmlose Religionssatire auf Adam im Paradies, die Schlange im Apfelbaum und Gott als Frakturschrift im Himmel. Aber es gab heftige Reaktionen und sogar Abo-Kündigungen! Das Buch Genesis sei Juden und Christen heilig, das sei Blasphemie und verletze die religiösen Gefühle. Ich frage mich überhaupt, warum die angeblich so inbrünstigen religiösen Gefühle so leicht verletzbar sind, aber nun gut ... Da hab ich gemerkt, dass man sich hier schnell Feinde machen kann. Auffällig oft kam der Hinweis, dass ich mir «so etwas» mit den Muslimen nicht erlauben würde oder dass man die Muslime verstehen könne, wenn sie sich wegen Blasphemie so erregen. Da schien mir immer ein leises Bedauern mitzuspielen, dass man sich im aufgeklärten Abendland über Heiliges lustig machen darf, ohne hart bestraft zu werden.

Im Vergleich zu religiösen Menschen meine ich, eine klarere, weitere Sicht auf die Welt zu haben, die nicht von naiven Mythen bestimmt und eingeengt wird. Mir ist aber klar, dass Gläubige mit ähnlichen Argumenten kommen und behaupten, mir fehle ohne Gott der Weitblick. Darum wäre es doch am besten, jeder glaube, was er will. Es soll sich auch jeder Gottgläubige zu Hause seinen Altar aufbauen oder seinen Gebetsteppich ausrollen, aber in der Öffentlichkeit, in der Gesetzgebung und in der Politik hat Religion konsequent außen vor zu bleiben. Ich will Karfreitag tanzen dürfen, statt Christi Himmelfahrt den Geburtstag von Einstein als Feiertag begehen, und wenn die Kirchenglocke vor meinem Fenster nicht jeden Tag frühmorgens loslärmen würde, wäre das auch ein Akt der Nächstenliebe.

Ich ärgere mich über die Stellen in meinem Hirn, die mir in der frühen Kindheit mit diesen religiösen Ideen verklebt wurden. Ich hätte gern gleich Lehrer gehabt, die mir die Welt erklären, wie sie nach Naturwissenschaft und Philosophie beschaffen ist, dann hätte ich sicher schon als Kind ehrfürchtig gestaunt. So ist da immer noch ein bisschen «Rest-Religion», ganz irreal, aber vorhanden, durch diese frühkindliche Gehirnwäsche. Dabei bin ich noch froh, dass mich gerade meine Eltern mit dem Aberglauben verschonten! Ich denke, es ist eine Form von Gewalt an Kindern, ihnen in den ersten Lebensjahren diese Mythen als absolute Wahrheit in die Gehirne zu stempeln. Ganz abgesehen von der

Taufe, mit der man schon als Baby genötigt wird, diesem Verein beizutreten.

Atheist sein bedeutet nicht, kalt rational zu sein! Gläubige stellen sich Atheisten wohl gern als eine Art undankbare Roboter vor, von denen nur Schlimmes ausgehen kann. Einer meiner liebsten Freunde starb im Krankenhaus in meinen Armen, das waren für mich sehr existenzielle, tiefgreifende Minuten. Da waren alle Fragen über das Wunder von Tod und Leben, da war Stille und Gedenken, Trauer und Liebe, auch Zweifel und Erlösung. Alles Begriffe, die die Kirchen selbstgerecht für sich vereinnahmen. Aber ich habe sehr warm und menschlich empfunden und gehandelt und die Situation gelassen bejaht, und das ganz ohne diese Gottesvorstellung.

... ABER ES IST DOCH KEIN WIDERSPRUCH, EIN AUFGEKLÄRTER MENSCH ZU SEIN UND TROTZDEM AN DIE AUFERSTEHUNG ZU GLAUBEN!
DA FLOG EINE LIBELLE IM GARTEN HERUM, UND ICH SAH, WIE PERFEKT GOTT DIESES TIER ...
GOTT IST LIEBE! WENN DIE MENSCHEN DAS BEGREIFEN ...
DIE BIBEL IST NUN MAL DAS ÄLTESTE ZEUGNIS GOTTES, UND ARCHÄOLOGEN STELLEN DOCH TAGTÄGLICH FEST, DASS ...
... SO GEWANN ICH TROTZ MEINES LEIDS WIEDER ZUVERSICHT, UND MIT ALLAHS HILFE ...
DER PAPST HAT SICH FÜR DIE VERBRECHEN DOCH ENTSCHULDIGT, DIE IM NAMEN DER KIRCHE ...

...KANN MAN JA AUCH MAL FRAGEN, WO DIE MENSCHHEIT HEUTE WÄRE, WENN GOTT UNS DIE ZEHN GEBOTE NICHT GEGEBEN HÄTTE!
ICH REDE JEDEN TAG MIT GOTT! ICH SCHIMPFE AUCH MANCHMAL MIT IHM!
JESUS HAT ZU DEN MENSCHEN GESPROCHEN UND SEIN WORT...
ICH...
...WÜRDE GERN UNSEREN ATHEISTEN NOCHMAL ZU WORT KOMMEN LASSEN, BEVOR DIE SENDUNG ZU ENDE IST... HERR STENZ... FEHLT IHNEN NICHT ETWAS, OHNE GOTT?
NEIN. ALSO, ATHEIST SEIN HEISST JA NICHT –

DIE SOGENANNTEN „NEUEN ATHEISTEN" WOLLEN NUR PROVOZIEREN UND BELEIDIGEN!
ATHEISMUS IST DOCH INZWISCHEN AUCH NUR EINE ERSATZRELIGION!
ATHEISMUS IST ÜBRIGENS TENDENZIELL ANTISEMITISCH!
WAS ATHEISTEN VON SICH GEBEN, IST NUR DUMMES ZEUG!
EINE WELT VOLLER ATHEISTEN WÄRE OHNE ETHIK UND MORAL!
WENN'S ANS STERBEN GEHT, GLAUBT AUCH EIN ATHEIST WIEDER AN GOTT!
ATHEISTEN MACHEN MIR ANGST!

...HABEN WIR AM FASCHISMUS UND AM STALINISMUS GESEHEN, WOZU EINE GOTTLOSE GESELLSCHAFT FÄHIG IST!
ICH ERLEBE ALLAH IN JEDEM LÄCHELN EINES KINDES! ISLAM HEISST FRIEDEN!
ICH TRAF DEN PAPST 2006 IN ROM, UND MIR FIELEN GLEICH SEINE GÜTIGEN AUGEN AUF...

DIE SENDEZEIT NEIGT SICH LEIDER DEM ENDE ZU. DAS WAR'S ZUM THEMA „WAS GLAUBEN DIE NEUEN ATHEISTEN?". DANKE FÜRS ZUSCHAUEN UND GRÜSS GOTT!

«Ich werde morgen geweiht. Morgen um neun Uhr.»

Philipp, 14 Jahre, Schüler und Jugendweihling, Dresden

Philipp, hast du Erfahrungen mit Religion gemacht in deinem Leben?

Ich wurde nicht religiös erzogen und hatte auch keinen Religionsunterricht. Ich weiß bloß das, was uns im Ethikunterricht an Religion vermittelt wurde.

Ich komme aus Trier, das sehr katholisch ist. Da werden die Kinder schon im Kindergarten mit Religion konfrontiert. Ist das denn generell anders hier?

Finde ich schon. Bei uns gibt es nur wenige Leute, die katholisch sind, wenige Religiöse überhaupt. Wenn schon jemand an Gott glaubt, dann ist der meistens evangelisch.

Hier in Dresden stehen ja einige Kirchen, z. B. die Frauenkirche. Und trotzdem gibt es hier wenige Gläubige?

Ja, der Großteil ist wirklich atheistisch.

Und worauf führst du das zurück?

Ostdeutschland hat ja eine andere Geschichte. Es wurde mehr oder weniger dazu erzogen, atheistisch zu sein.

Hast du dich damit auseinandergesetzt? Du hast ja, als es die DDR gab, noch gar nicht gelebt.

Direkt damit auseinandergesetzt habe ich mich nicht. Wenn irgendwo Dokumentationen im Fernsehen kommen, schaue ich mir das schon gerne an. Aber ich habe jetzt nicht extra recherchiert und bin auch nicht in die Bibliothek gegangen.

Reden deine Eltern darüber?

Selten. Wenn ich sie ansprechen würde, dann würden sie bestimmt mit mir darüber reden. Aber ich hab sie noch nicht direkt dazu befragt.

Wenn du Nachrichten guckst und dort z. B. über den Papst, über kirchliche Events, etwa den Weltjugendtag, berichtet wird – was hältst du davon?

Der Großteil der Bevölkerung in Deutschland ist ja gläubig – von daher finde ich das okay. Aber mich selbst lässt das eigentlich kalt. Zum Beispiel halte ich das «Wir-sind-Papst»-Gerede für völlig schwachsinnig. Dass die sich so freuen, dass ein Deutscher Papst ist …

Wieso findest du das schwachsinnig?

Was haben wir denn davon, dass ein Deutscher Papst ist? Das hat doch mit uns gar nichts zu tun. Wieso sollen wir uns denn darüber freuen?

Da du keinen Gott hast wie andere Leute, die gläubig sind: Was hast du denn stattdessen? Was gibt dir Sinn im Leben? Woran kannst du dich festhalten?

Mir gibt das Hier und Jetzt einen Halt. Ich versuche, das Beste aus jedem Tag zu machen. Wenn man z. B. katholisch ist, hat man das Ziel, ein guter Mensch zu sein und in den Himmel zu kommen. Ich finde, Atheismus hat den Vorteil, dass sich jeder selber raussuchen kann, was er als Sinn in seinem Leben sucht, ob er sein Leben in den Dienst einer höheren Sache stellt oder ob er einfach sagt: «Ich probier's eben so gut wie möglich, Spaß zu haben, das Leben zu genießen – und wenn es zu Ende ist, dann ist es eben zu Ende. Dann hab ich gut gelebt.» – Das finde ich besser, als wenn mehr oder weniger alles schon vorgegeben ist.

… also, wenn du deinen eigenen Kriterien genügst.

Genau.

Du entwickelst deine eigenen Kriterien. Woran merkst du, was für dich das Richtige ist, dass du dir das Richtige ausgesucht hast?

Ich entscheide danach, was mir Spaß macht. Wenn man sich zum Beispiel dazu entschließt, die Welt besser zu machen, dass in Alaska keine Robben mehr gejagt werden oder Ähnliches, und dafür kämpft – wenn einem das was gibt, wenn sich das gut anfühlt. Das ist schwer zu erklären. Muss eben jeder für sich herausfinden.

Von der Jugendweihe habe ich natürlich schon gehört. Es ist aber auch neu für mich. Du bist noch nicht geweiht, oder?

Ich werde morgen geweiht. Morgen um neun Uhr.

Wie ist die Vorbereitung dazu? Was steckt dahinter, welche Idee?

Es geht nicht nur um die Feier, sondern es ist ein ganzer Prozess. Vor einem knappen Jahr ging es los, als unsere Klasse sich beim «Roten Baum»[22] angemeldet hatte.

Die ganze Klasse meldet sich da an?

Ja. Man hätte sich auch aussuchen können, ob man lieber bei der ganz normalen Jugendweihe dabei sein will, aber wir haben das in der Klasse besprochen und gesagt: «Ja, ‹Roter Baum› ist cool.»

Und was hat dazu geführt, dass ihr euch für den «Roten Baum» entschieden habt und nicht für die normale Jugendweihe? Was war daran besonders gut?

Es wurde gesagt, beim «Roten Baum» ginge alles ein bisschen lockerer zu – und da hatte man uns eigentlich schon dafür gewonnen. Es gab einen Katalog mit Veranstaltungen, man muss mindestens fünf machen, um für die Jugendweihe als tauglich befunden zu werden. Anfangs war ich mir nicht sicher, was ich nehmen sollte. Aber nach den ersten zwei, drei Veranstaltungen habe ich gemerkt: Die sind wirklich gut. Und dann habe ich mich für weitere Sachen beworben und bin dort auch hingegangen.

Was sind das für Veranstaltungen?

Das ist ganz unterschiedlich. Da ist für jeden was dabei. Zum Beispiel «Dresden unterm Hakenkreuz»: Es gab eine Stadtführung, bei der erzählt wurde, wie es in der NS-Diktatur zugegangen war. Und ich war bei einer Diskussion mit einem Pfarrer, der hatte Konfirmanden dabei, und da haben wir uns auch über Religion unterhalten. Dann war ich noch in der Gedenkstätte Buchenwald. Ich hätte aber auch zur Fallobstwiese gehen und da bei der Ernte helfen können. Sehr verschiedene Sachen. Bei einem Fußballturnier habe ich auch mitgemacht.

Das heißt, du kannst dir selber aussuchen, wo du deine Schwerpunkte setzt.

Genau. Man kriegt einen Jugendweiheausweis, wo das eingetragen und vom jeweiligen Betreuer dann unterschrieben wird. Wenn man mindestens fünf geschafft hatte (ich hatte neun oder zehn), dann wurde man für tauglich beurteilt und konnte teilnehmen. Wenn man nicht genügend hatte, z. B. nur vier, dann musste man an einem Quiz teilnehmen. Und wenn man weniger als vier hatte, musste man vor ein Komitee treten und Fragen beantworten. Die haben dann entschieden.

Warum gehen die Jugendlichen dahin? Was ist dein Eindruck? Oder, was dich betrifft: Gehst du dorthin, weil es dich wirklich interessiert?

Am Anfang habe ich das gemacht, weil ich die fünf Veranstaltungen hinkriegen musste. Sonst hätte es ja keine Jugendweihe gegeben. Aber nach den ersten paar Veranstaltungen fand ich es wirklich cool, habe mich dann auch für mehr beworben. Ich fand die Möglichkeit, an solchen Führungen und Diskussionen teilnehmen zu können, wirklich gut. Eine Veranstaltung ist ja auf einen Tag beschränkt. Es gab aber auch Bildungsfahrten, die gingen dann über ein Wochenende, etwa zur Gedenkstätte Buchenwald.

Hast du den Eindruck, dass die anderen das ähnlich handhaben wie du, dass sie also erst mal die fünf Veranstaltungen abklappern und dann Interesse gewinnen?

Bei meinen Kumpels war es eigentlich ähnlich, sie haben nach und nach Interesse gewonnen. Aber ich weiß nicht, ob das bei jedem so ist. Das kann ich nicht beurteilen, ich hab mich ja nicht mit jedem unterhalten.

Meinst du, du engagierst dich später auch noch in dieser Richtung?

Ich wollte eigentlich nach der Jugendweihe weitermachen, weil ich es sehr gut finde, was hier gemacht wird.

Was willst du machen?

Vielleicht erst mal gucken, wo gerade jemand gebraucht wird. Ich könnte Betreuer sein. Das heißt, ich fahre dann mit und gucke, was passiert, und passe mit auf, dass alles läuft.

Und die Jugendweihe selbst? Was ist das für eine Veranstaltung?

Da werden wir sozusagen symbolisch in die Reihe der Erwachsenen aufgenommen. Es wird eine Rede gehalten. Danach trennen sich die Wege, es feiert dann jeder mit seiner Familie. Ich glaube, dass das bei einer «Konfi» vom Prinzip her ähnlich ist. Bloß dass die Vorbereitung von einer Konfirmation anders ist. Da ist man über zwei Jahre lang in einer bestimmten Gruppe – und da kommt eigentlich auch nicht so viel bei heraus, finde ich. Es gab mal eine Diskussion mit Konfirmanden, die war natürlich so gedacht, dass wir mit denen sprechen, aber die hat das eigentlich gar nicht interessiert. Irgendwer hat mit dem Pfarrer diskutiert, und der hat seinen Leuten eher die Sachen in den Mund gelegt, nach dem Motto: «Ja, sagt doch mal: Das und das war doch toll, oder?»

Ich habe gesagt: «Es gibt ja eigentlich keinen Beweis dafür, dass es Gott gibt.» Und die Antwort von einem der Konfirmanden: «Na ja, das würde ich erst mal nicht so sagen. Ich weiß die Beweise zwar nicht, aber …» – das spricht doch auch für sich.

Gibt es irgendwas, was du Leuten auf den Weg geben würdest, die im Zweifel mit ihrer Religion sind, die hadern und nicht genau weiterwissen?

Ich könnte erzählen, wie *ich* mich entschieden habe. Zuerst habe ich mich damit beschäftigt, warum ich überhaupt an Gott glauben soll – und mit der Frage: Was gibt es denn für Argumente? Und dann habe ich mich mit diesen Zeugen Jehovas unterhalten, die immer am Straßenrand stehen. Mit denen rede ich eigentlich sehr gerne, weil das immer so unterhaltsam ist, weil die nicht wirklich diskutieren können, weil die sich immer auf die Bibel berufen und deren Inhalte als feststehende Argumente nehmen. Aber die Bibel muss man doch auch hinterfragen können!

Das sehen die gar nicht! Ich finde auch, dass man es sich als Mitglied einer Kirche da ziemlich einfach macht: die Verantwortung von sich wegschiebt. Die «Zeugen» kommen dann immer damit, dass Armageddon hereinbricht und alle sterben werden und nur die oberen 40 000 in den Himmel kommen usw. Das finde ich immer ziemlich belustigend. Jedenfalls habe ich mir auch deren Argumente durch den Kopf gehen lassen. Wenn man sich eine

Meinung zum Thema Religion bilden will, muss man sich auch damit beschäftigen. Mit Leuten diskutieren zum Beispiel. Man muss prüfen, ob man die Argumente der Kirche oder ob man die Bibel so hinnehmen kann.

Das heißt, es gehört für dich auch dazu, mit Menschen zu diskutieren, die eine ganz andere Meinung haben, um dich in Frage zu stellen und zu prüfen, ob deine eigenen Ansichten noch stehenbleiben können oder nicht.

Ja. Die Veranstaltung mit dem Pfarrer war schon interessant, da man in eine Konversation mit jemandem kommt, der eben anderer Meinung ist als man selbst. Es kann aber auch nützlich sein, einer Unterhaltung zuzusehen und zu schauen: Was haben die für Argumente? – Und sich zu fragen: Kann mein Argument so stehenbleiben, oder soll ich das noch einmal hinterfragen?

Was die Kommunikation betrifft, ist unsere Gesellschaft ziemlich zurückgeblieben, eine Gesellschaft der Anonymität. Wenn man auf der Straße langgeht, läuft alles aneinander vorbei. Das ist eigentlich schade. Es wäre wirklich besser, wenn man einfach mal mit den Leuten reden würde. Es muss ja nicht unbedingt immer über «Gott» sein.

«Ich bin davon überzeugt, dass Religion etwas Schlechtes ist für die Menschen, unabhängig davon, ob sie das selber so sehen oder nicht.»

Assunta Tammelleo, 45, Unternehmerin und Handelsrichterin, Bayern, drei Kinder

Also, ich möchte nicht anonym bleiben! Seit 1993 organisieren wir für Migration und gegen Rassenhass Feste und Aktionen. Seit acht Jahren bin ich Vorsitzende des Bundes für Geistesfreiheit München und Handelsrichterin am Landgericht München II, und außerdem vielfach sozial engagiert über den Betrieb und privat, z. B. als Elternbeirätin.

Ich bin in Deutschland in ärmlichen Verhältnissen aufgewachsen, als Tochter eines süditalienischen Gastarbeiters (mein Vater war Analphabet) aus Kalabrien. Ich habe in München und Paris Politische Wissenschaften studiert und danach mit meinem Lebenspartner aus einer Konkursmasse eine Firma neu gegründet, die ich mit ihm zusammen seit 21 Jahren erfolgreich betreibe.

1983 wurde ich bei der Dombesetzung in München gegen den Nato-Doppelbeschluss bereits polizeilich registriert und Anfang der Neunziger wieder aus Anlass der «Begrüßung» von Johannes Paul II. auf der Münchner Leopoldstraße vor dem Siegestor. Lange Jahre war ich in frauenrechtlichen Organisationen und in der Friedensbewegung aktiv. Und solange ich schnaufen kann, wird meine politische Arbeit ein wesentlicher wichtiger Bestandteil meines Lebens bleiben. Sollten Sie mal zu uns nach Hause kommen: Analog zur verbreiteten bayerischen Lüftlmalerei findet sich auf unserem Wohnhaus u. a. ein weiblicher Teufel!

Mein Vater war klassisch italienisch katholisch, aus Tradition. So ähnlich wie Peppone. Meine Mama schon mehr. Die Kirche bot mir in einem strengen Elternhaus die einzige Möglichkeit, als

Mädchen alleine wegzugehen – zum Gottesdienst, zur Kinderbetreuung, zum Bibeltag etc.

Zwischen zehn und fünfzehn Jahren habe ich mich mit der Bibel intensiv beschäftigt und bin freiwillig immer in die Kirche bzw. zu religiösen Veranstaltungen gegangen. Die intensive Beschäftigung vor dem Hintergrund der realen Praxis bewirkten kurzfristig Zweifel, die ich zu lösen glaubte durch Beitritt zum protestantischen Bekenntnis. Binnen ein paar Monaten jedoch und durch die Lektüre von Joachim Kahls «Das Elend des Christentums oder Plädoyer für eine Humanität ohne Gott» (vom Deutschlehrer) war mir der Glaube gründlich abhandengekommen.

Wie kam es dazu?

Nur durch intensive Beschäftigung. Und dies angesichts des Kontrastprogramms von im Prinzip bigotten Eltern bzw. Verwandten.

Was meinem Leben Halt gibt? Ganz einfach: ich selber. Ich versuche es zumindest. Bin mir meiner Endlichkeit bewusst genauso wie des Mangels an Alternativen zum diesseitigen Leben. Freue mich über meine Privilegien: kein Krieg, kein Tsunami, keine Hungersnot etc. Bin eingebunden in einer freien Familie mit einem Lebenspartner, der auch Atheist ist. Wir sind seit 23 Jahren unverheiratet zusammen. Habe mir ein großes Maß an Freiheit bewahrt (keine Heirat, keinen Arbeitgeber, sondern Unternehmer, keinen Gott und sonst keine Autorität über mir) und weiß, ich bin für mein Leben selbst verantwortlich, und naturgegebene Gerechtigkeit gibt's nicht, die kann man nur versuchen, ein Stück weit durch aktives Engagement zu erreichen.

Ich suche die Auseinandersetzung direkt, bin ja 1. Vorsitzende des Bundes für Geistesfreiheit und trage mein Anliegen in die Öffentlichkeit, wo es nur geht! Habe in dieser noch demokratischen

Gesellschaft kein Problem damit, weil ich weder auf meine Familie noch einen Arbeitgeber oder sonstige Zwänge Rücksicht nehmen muss.

Ich bin im positiven Sinn streitbar und davon überzeugt, dass Religion etwas Schlechtes ist für die Menschen, unabhängig davon, ob sie das selber so sehen oder nicht. Ich muss nicht zum Atheismus missionieren, doch suche ich die verbale Auseinandersetzung überall, als Unternehmerin, Mutter, Vorsitzende, Handelsrichterin etc. Insgesamt verfüge ich über eine große Portion Gefallen an Diskussionen und konstruktivem Streit.

Wie empfinden Sie Ihre Position im Vergleich zur Position gläubiger/religiöser Menschen?

Stabil, befreiend, für selbständige Menschen.

Anderen Menschen vermitteln möchte ich, dass es zwar anstrengend ist ohne höhere, sinngebende, helfende Instanz und ohne Aussicht auf Belohnungen im jenseitigen Leben. Aber dass es was Befreiendes hat, selber zu denken, für sich wirklich auf dieser Welt verantwortlich zu sein, keines Trostes zu bedürfen, den man vielleicht nicht mal bekommt (wer weiß das?), oder gehorsam sein zu müssen, ohne zu verstehen, warum.

«Religion ist überflüssig wie ein Kropf.

Oder ein Krebsgeschwür.»

Anonymus, Mitte 30, Jurist, Allgäu, verheiratet

Aufgewachsen bin ich im katholisch-bürgerlichen Milieu einer bayerischen Kleinstadt. Meine Wahrnehmung des «religiösen Lebens» war allerdings von Anfang an von der gleichen sachlichen Nüchternheit geprägt wie auch meine sonstige Wahrnehmung der Dinge um mich herum. Was ich als Kind bei den unregelmäßigen Besuchen von sogenannten Gottesdiensten in (katholischen) Kirchen registriert habe, war etwa Folgendes: Die (Kirchen-)Räume waren groß und düster, es roch muffig und war sehr kalt. Im Raum aufgestellt oder -gehängt waren meist überlebensgroße Holz- oder Steinfiguren, die Personen darstellten, die an Kreuze genagelt, von Pfeilen durchbohrt oder aus sonstigen Gründen blutüberströmt waren. Diesen Veranstaltungsort durfte man – egal, wie langweilig oder kalt einem war – erst nach gut einer Stunde wieder verlassen, in der einem laufend Begriffe wie «Schuld und Sünde», «Fleisch und Blut», «Hölle und Verdammnis» usw. um die Ohren gehauen wurden. Die anwesenden – überwiegend alten bis sehr alten – Frauen und Männer folgten wie willenlose, ferngesteuerte Roboter einer einfallslosen Choreographie: Aufstehen, Hinsetzen, Aufstehen, Hinsetzen, Hinknien, Aufstehen, Hinsetzen usw. Dazu wurden mit gesenktem Haupte in schleppendem Tempo und monotonem Tonfall jedes Mal die gleichen Textbausteine heruntergeleiert. Seit meiner Kindheit assoziiere ich «Gottesdienst» mit «Langeweile», «Frieren» und depressiver Stimmung. Und was mir als lebenslustigem Kind besonders auffiel: die völlige Abwesenheit von Humor.

Dankenswerterweise hat mich mein unmittelbares familiäres Umfeld – meine Eltern und Großeltern – von religiöser Ereiferung aller Art verschont, sodass ich den absonderlichen Vorgang «Gottesdienst» als etwas einordnen konnte, das bestimmte Leute eben machten, das aber nichts mit uns zu tun hatte. Um meine soziale Ausgrenzung zu vermeiden, haben mich meine Eltern allerdings «taufen» und am Religionsunterricht teilnehmen lassen, sodass ich «offiziell» als Katholik geführt wurde. Im Bayern der sechziger und siebziger Jahre wäre mir sonst in der Schule die Außenseiterrolle sicher gewesen. In der Grundschule habe ich dann an einem Vorgang namens «Kommunion» teilgenommen. In diesem Zusammenhang bin ich in den zweifelhaften Genuss einer sogenannten Beichte gekommen, die Teilnahmebedingung war. Zu beichten hatten wir Kinder die schweren «Sünden», die wir begangen haben sollten. Um unserem Gedächtnis auf die Sprünge zu helfen, diktierte uns der Pfarrer ein ganzes Heft voller (potenzieller) Sünden, derer wir uns schuldig gemacht haben könnten. Dieses Heft besitze ich heute noch! Aus diesem Heft hatte ich damals für mich die folgenden – zugegebenermaßen wirklich schweren – Vergehen ausgewählt:

Ich war zornig.
Ich war unaufmerksam.
Ich war unbeherrscht (?) beim Spiel.
Ich habe mein Taschengeld verschwendet.
Ich war unschamhaft (?) im Denken.
Ich habe die Sonntagsmesse aus eigener Schuld versäumt.
Ich habe heilige Namen im Leichtsinn (?) ausgesprochen.
Ich habe nicht beten mögen.
Ich war faul.

Es lässt sich offenbar aus allem eine «gotteslästerliche Sünde» konstruieren, mit deren Hilfe kleinen Kindern Schuldgefühle eingeredet werden sollen. Was in meinem Fall wohl misslungen ist, ich bin heute noch gern unschamhaft im Denken …

In den bayerischen Klassenzimmern hingen – natürlich – immer Kruzifixe, und einmal fragte ich in grenzenloser Naivität meinen Religionslehrer, ob denn, wenn dieser Jesus nicht gekreuzigt, sondern gehängt worden wäre, in allen Klassenzimmern Galgen aufgestellt worden wären. Die darauf folgende heftige emotionale Reaktion des Unterrichtenden führte für mich zu der Einsicht, dass es das Beste wäre, mich in Zukunft im Religionsunterricht still und unauffällig zu verhalten. Da Fragen oder Denken offenbar nicht erwünscht war, widmete ich mich dann im Religionsunterricht dem Austesten der Reichweite und Zielgenauigkeit diverser Wurfgeschosse sowie der Vorbereitung nachfolgender «richtiger» Unterrichtsstunden in Fächern mit inhaltlicher Substanz. Dreizehn Jahre Religionsunterricht bis zum Abitur – was für eine Verschwendung von Lebenszeit! Wie viele gute Bücher hätte man in dieser Zeit lesen, an wie viel Musik hätte man sich in dieser Zeit ergötzen, wie viel Spaß mit Freunden hätte man in dieser Zeit haben können! Stattdessen dreizehn Jahre Langeweile und Humorlosigkeit (und, na ja, gewisse ballistische Erkenntnisse …). Nach dreizehn Jahren katholischem Religionsunterricht und der – wenn auch sehr distanzierten – Teilnahme an in der Summe doch nicht wenigen «Gottesdiensten» hielt ich christliche Religiosität (andere Religionen waren mir bis dahin in Bayern nicht begegnet) einfach für eine bizarre Verirrung. So habe ich das Ende meiner Schulpflicht als sehr befreiend erlebt, war ich doch endlich nicht mehr gezwungen, theologische Phrasen über mich ergehen zu lassen. Es ist für mich nicht nachvollziehbar, dass auch noch im 21. Jahrhundert an staatlichen Schulen – wo der Staat doch zu religiöser Neutralität verpflichtet sein sollte – katholische Religion als Pflichtfach unterrichtet wird. Zumal dieser Unterricht nicht etwa von der Glaubensrichtung bezahlt wird, die auf diese Weise ungehindert ihre Ideologie weiter verbreiten kann, sondern vom Staat, also allen Steuerzahlern.

Nach dem Ende meiner Schulzeit hatte ich nur noch sehr sporadisch näheren Kontakt mit der Kirche, etwa als Gast auf Hochzeiten mit kirchlicher Trauung. Der bei einer Hochzeitszeremonie vorgetragene theologische Sermon ließ dabei für mich allerdings nie den Gedanken aufkommen, eine Hochzeit könnte ein freudiges Ereignis sein. Es ging in diesen schwerfälligen Zeremonien – wie immer – um Sünden, Tod etc., sodass ich stets den Eindruck hatte, eher einer Beerdigung beizuwohnen.

Als ich dann tatsächlich zum ersten Mal an einer kirchlichen Beerdigung teilnahm – meine geliebte Großmutter war gestorben! –, hatte ich das wütende Gefühl, dass der katholische Pfarrer durch seine völlig unpersönliche und emotional sehr kühle «Predigt» (eigentlich nur eine Aneinanderreihung der üblichen theologischen Textbausteine) meiner Oma im Tod noch die Würde nahm.

Aus der Kirche ausgetreten bin ich dann, als ich bei meinem Eintritt ins Arbeitsleben nach Zivildienst und Studium durch einen Kirchensteuerbescheid daran erinnert wurde, dass ich ja «offiziell» immer noch katholisch war. Das konnte ich nicht auf mir sitzen lassen.

Wie sich aus meinen Ausführungen ergibt, habe ich dem Christentum (und anderen religiösen Ideologien) von Anfang an sehr distanziert gegenübergestanden. Ich habe mir schon immer gern meine eigenen Gedanken gemacht und mein eigenes Gewissen befragt und bin damit sehr gut gefahren im Leben. Mir von einer autoritären, Gehorsam und Unterwerfung fordernden Organisation wie der Kirche vorschreiben zu lassen, was ich zu glauben, zu tun oder zu unterlassen habe, war für mich nie wirklich diskutabel (ich glaube, meine Eltern hatten es manchmal auch nicht leicht mit mir …). Schon sehr früh habe ich mich nicht nur als Gehirnbesitzer, sondern auch als Gehirnbenutzer gesehen, was für mich eine wie auch immer geartete Unterwerfung unter eine religiöse Ideologie wie das Christentum ausschloss. Während früher aber Religionen in meinem Denken und Fühlen einfach keine Rolle spielten – das war für mich einfach ein gewisser seltsamer geistiger Zustand anderer, der mich nichts anging –, bin ich inzwischen durch einen Zuwachs an Wissen sowie die aktuelle Entwicklung der Erstarkung des religiösen Fundamentalismus (nicht nur im Islam, sondern gerade auch im christlichen Lager mit den USA als Vorreiter) zu einem entschiedenen Gegner religiöser und damit prämoderner Weltdeutungsmuster und Verhaltensvorschriften geworden. Es reicht nicht, dass nur ich selber mich davon distanziere; um dauerhaft Frieden und erträgliche Lebensbedingungen für alle Menschen zu schaffen, müssen religiöse Interpretationen und Manipulationsmöglichkeiten weltweit überwunden werden. Mir ist klargeworden, wie viel Unheil und Leid die Religionen im Laufe der Jahrtausende über die Menschen gebracht haben und immer noch bringen. Damit meine ich nicht nur das viele Blutvergießen durch religiös motivierte Kriege, Inquisition, Folter, «Hexen»- und «Ketzer»-Verbrennungen usw., sondern auch die christliche Körperfeindlichkeit, Lustfeindlichkeit, Frauenfeindlichkeit, Intelligenzfeindlichkeit usw., durch die Unglück über die Menschen gebracht wird. Mit ihrem Gerede von irgendeinem «jenseitigen Leben» verhindern die Religionen, dass sich die Menschen ausreichend um glückbringende Verhältnisse im Diesseits bemühen. Ich wünsche mir, dass sich alle Menschen von der organisierten Bevormundung durch die Religionen befreien und so ein glückliches und selbstbestimmtes Leben führen können!

Wie sich aus dem zuvor Gesagten ergibt, kann ich hier nicht mit einem spektakulären «Umkehrerlebnis» aufwarten. Wer nie in den Bus eingestiegen ist, kann auch nicht aussteigen. Ich kann also nur erläutern, warum ich nie eingestiegen bin.

Da ist zum einen schon die schlichte empirische Wahrnehmung, wozu diese Christenmenschen in der Lage sind. Das muss ja nicht ausdrücklich im Namen der Religion geschehen; mir reicht es eigentlich, wenn eine Religion offenbar überhaupt nicht in der Lage ist, ethisches Verhalten ihrer Anhänger hervorzurufen oder unethisches Verhalten zu verhindern. Das beginnt schon im Kleinen: zur Ausfüllung von Begriffen wie «Bigotterie» oder «Scheinheiligkeit» kennt sicher jeder selbst genug Beispiele. Gerade Leute, die am Sonntag besonders eifrig und demonstrativ in die Kirche gehen, sind sich werktags oft nicht zu schade, zu lügen, zu intrigieren, Schwächere zu erniedrigen usw. Es ist natürlich auch sehr verlockend, sein Gewissen durch eine «Beichte» sogleich wieder entlasten zu können. Und dann all die von Christen im Laufe der Jahrhunderte verübten Gräueltaten, die Kriege und Gemetzel, die Morde und Versklavungen, die Hinrichtungen und Folterungen: Man kann eigentlich nicht auf die Idee kommen, dass das Christentum seine Anhänger zu guten Menschen macht. Ich sage es ganz offen: Mir ist bang vor Christenmenschen.

Dazu trägt natürlich auch die theoretische Grundlage, die Bibel, bei. Der biblische Gott ist rachdurstig, eifersüchtig, intolerant und gewalttätig. Er droht allen mit «ewiger Verdammnis» und lässt auch noch gleich seinen eigenen Sohn Jesus von einer antiken Besatzungsmacht, den Römern, hinrichten. Wie kann es irgendjemand erstrebenswert finden, an so einen Gott zu glauben?

Man kann das Ganze natürlich auch nüchterner betrachten. Vor ein paar tausend Jahren erschien es verschiedenen Personen opportun, zur Erreichung bestimmter Zwecke – etwa zur Förderung des Zusammenhalts bzw. der Erstarkung bestimmter Volks- oder anderer Gemeinschaften – Texte zu verfassen, in denen bestimmte Mythen kreiert und zu beachtende Regeln aufgestellt wurden. Als Motivationsmittel für diese «Community» waren Zuckerbrot («ewiges Leben im Himmelreich») und Peitsche («ewige Verdammnis im Höllenfeuer») vorgesehen. Fragen nach der Rechtsgrundlage konnten mit dem pauschalen Hinweis: «Von ganz oben!» abgewiegelt werden. Die Texte wurden dann noch ein paar hundert Jahre lang umgeschrieben und ausgetauscht, um sie aktuellen Bedürfnissen anzupassen, und dann irgendwann zur Verewigung des klerikalen Machtanspruchs für «heilig» erklärt, was in diesem Zusammenhang ja nichts anderes bedeutet, als dass niemand auf die Idee kommen soll, diese Texte kritisch unter die Lupe zu nehmen. Es will mir einfach nicht gelingen, diese nüchternen Realitäten auszublenden. Ich habe – getreu dem Satz: «Glaubst du noch, oder denkst du schon?» – meine intellektuelle Unschuld bereits verloren und kann nicht mehr zurück. Sobald ein Kind bemerkt, dass der Mann, der mit rotem Gewande und weißem Barte am Nikolaustag klingelt, nur sein eigener Vater in Verkleidung ist, macht es keinen Sinn mehr, das Schauspiel weiter aufzuführen.

Schließlich sind es auch die schaurigen Realitäten der Menschenwelt selbst, die verhindern, dass ich einen Gott anbeten kann. Kriege, Armut, Hunger, Terror – soll ich einen Gott anbeten, der dies alles nicht verhindern kann, also ohnmächtig ist? Soll ich einen Gott anbeten, der dies alles nicht verhindern will, obwohl er es könnte, der also gleichgültig ist? Soll ich einen Gott anbeten, der von all dem nichts weiß, also ahnungslos ist? Soll ich einen Gott anbeten, der dies alles willentlich steuert, also böse ist? Welche Alternative auch immer ich wähle – es wäre nicht schmeichelhaft für Gott, wenn es ihn gäbe.

Die Frage «Wenn Sie keinen Gott haben, was haben Sie dann?» ist aus meiner Sicht falsch gestellt, denn sie impliziert einen Mangel, ein Defizit, ein zu füllendes «Loch». So habe ich nie empfunden. Religion ist überflüssig wie ein Kropf. Oder ein Krebsgeschwür. Niemand würde auf die Idee kommen, jemanden, dem gerade ein Tumor herausoperiert wurde, zu fragen, ob ihm denn jetzt etwas «fehle».

Ohne die mentale Behinderung durch eine Religion bin ich einfach freier als andere Menschen. Bei den herkömmlichen Religionen schreibt eine Minderheit – die jeweiligen «Priester», «Propheten» oder wie auch immer sie sich nennen – der Mehrheit vor, was sie zu glauben, zu tun und zu lassen habe. Natürlich jeweils unter Inaussichtstellung von überirdischer Strafe und Belohnung (wie sonst soll man die Menschen manipulieren). Wobei nicht alle Religionen so weit gehen wie das Christentum mit seiner Sippenhaft, das den biblischen Gott drohen lässt, er verfolge bei denen, die ihm «feind» seien, «die Schuld der Väter an den Söhnen, an der dritten und vierten Generation» (Exodus 20, 1ff.).

Für mich dagegen ist der Schlüssel zum Glück (und zwar zu einem glücklichen Leben schon im Diesseits!) ein freies und selbstbestimmtes Leben. Ich bin frei von der Angst vor irgendwelchen rachsüchtigen Göttern, frei von der Angst vor «ewigen Höllenqualen», frei von der Angst, dass mein Verhalten irgendwelchen religiösen Richtlinien nicht entspricht. Ich muss mich bei meinen Handlungen nicht ständig fragen, ob sie denn «gottgefällig» oder «sündhaft» sein könnten, und ich bin nicht manipulierbar durch irgendwelche menschlichen Stellvertreter Gottes auf Erden. Und ich kann es nicht oft genug wiederholen: Diese Art von Freiheit zu haben und damit auch die volle Verantwortung für das eigene Leben zu übernehmen, das macht – zumindest mich – sehr glücklich (das grundsätzliche Problem der menschlichen Willensfreiheit sei an dieser Stelle ausgeklammert). Und indem ich eine rationale und wissenschaftsorientierte Weltdeutung bevorzuge, befreie ich mich zusätzlich von Furcht. Ein simples Beispiel zur Erläuterung: Wenn ich das Auftreten von Blitzen als das «Zürnen eines wütenden Gottes» interpretiere, bin ich gezwungen, voller Furcht zu überlegen, was ich falsch gemacht haben könnte, dass die Gottheit so zürnt, und was ich alles tun sollte, um die Gottheit wieder zu besänftigen. Ich würde mich vielleicht dazu hinreißen lassen, «Opfer» darzubringen oder was auch immer und lebte in ständiger Furcht, die Gottheit könnte wieder einmal böse werden. Wenn ich dagegen den Blitzschlag als die physikalische Erscheinung einer elektrischen (Ent-)Ladung interpretiere, stelle ich mir einfach einen Blitzableiter aufs Hausdach, und der Fall ist erledigt.

Gerade durch diese Freiheit, meine Eigenverantwortlichkeit und meine Diesseitsorientierung, bin ich fest verankert im Leben. Ich kann mich anderen Menschen zuwenden, wie etwa meiner Familie und meinen Freunden, kann mich hingeben an gute Musik – für mich übrigens die intensivste Erfahrung der Gegenwart, des «Hier und Jetzt» –, kann mich fesseln lassen von guter Literatur (und es kann mir natürlich egal sein, ob das Buch auf irgendeinem katholischen «Index verbotener Schriften» steht) und kann mich faszinieren lassen von immer neuen wissenschaftlichen Erkenntnissen über den Kosmos. Ich kann mich unvoreingenommen mit anderen Standpunkten und Perspektiven auseinandersetzen, die meine eigene Wahrnehmung bereichern, ohne dass ich Angst haben müsste, eine bestimmte Ansicht sei eine «Gefahr» für irgendeinen «einzig wahren Glauben». Gleichzeitig fühle ich eine starke Verantwortung, mit dieser unserer Erde und ihren Bewohnern «gut» in einem ethischen Sinne umzugehen, denn ich weiß: Dieses Leben ist das einzig richtige Leben, und ein anderes gibt es nicht!

Wie sich aus dem zuvor Gesagten schon ergibt, fühle ich mich seelisch frei und unbeschwert. Ich beobachte im Gegenteil, dass gerade bei religiösen Menschen Angst und Unsicherheit ein Thema ist, weil sie sich fragen müssen: «Führe ich wirklich ein gottgefälliges Leben?», «Wird Gott mich für meine Sünden bestrafen?», «Werde ich womöglich im ewigen Höllenfeuer schmoren?», «Befolge ich auch wirklich alle Regeln meiner Kirche?», «Darf ich ein Kondom benutzen, oder hat der Papst das untersagt?» und so weiter. Nein, so ein Leben möchte ich nicht führen müssen.

Nun, ich hänge meine Abneigung gegen Religionen aller Art nicht an die große Glocke. Ich lebe in Bayern, im Allgäu. Die Landschaft mag ja reizvoll sein, aber die Menschen hier bilden sich eher wenig, lesen eher wenig und hängen sehr an alten Riten und Traditionen. Universitäten gibt es nicht, und insgesamt existieren nur wenige Stellen für Akademiker. Wirklich kritisches Hinterfragen ist des Allgäuers Sache nicht, und so hat das Christentum noch eine sehr starke Verankerung in der hiesigen Bevölkerung. Auch christlicher Fundamentalismus findet hier mehr Anhänger als anderswo, und manch hiesige «Glaubensgemeinschaft» hat es medial in die (negativen) Schlagzeilen geschafft. Ich würde mich also gesellschaftlich stark isolieren – natürlich auch mit entsprechenden beruflichen Nachteilen –, wenn ich meine Religionsfreiheit (im Sinne meiner Befreitheit von jeder Religion) allzu laut hinausposaunte. Im persönlichen Gespräch mit Freunden mache ich aus meiner Position aber keinen Hehl und freue mich, wenn ich mit meiner Haltung anderen Mut machen kann. Ich habe festgestellt, dass es nicht wenige gibt, die den Mut zu dem letzten konsequenten Schritt aus ihrer inneren Entfremdung von Religion, nämlich zum Kirchenaustritt, noch nicht gefunden haben und denen ich dann helfen kann, «es» zu tun. Bislang habe ich auch immer das Feedback bekommen, dass es ein befreiender Schritt für alle war, die ihn getan haben, ein Schritt, der ihr Leben wieder stimmig gemacht hat. Frei von Bevormundung durch Religion und frei von der Angst vor übersinnlichen Mächten. Und, nicht zu vergessen: frei von Kirchensteuer!

Ich habe für mich festgestellt, dass ich durch die Übernahme der vollen Verantwortung für mein eigenes Leben in freier Selbstbestimmung zu dauerhafter Zufriedenheit und jenem ominösen «Glück» gefunden habe, dem so viele Menschen offenbar vergebens hinterherlaufen. Ich glaube, eine prämoderne Ideologie wie eine Religion, welcher Machart auch immer, muss einem freien, glücklichen Leben fast zwangsläufig im Wege stehen.

Wie ist es überhaupt möglich, dass so viele Menschen sich von den Religionen bevormunden lassen? Warum wollen so wenige Menschen für sich selber verantwortlich sein? Immanuel Kant vermutete: «Faulheit und Feigheit sind die Ursachen, warum ein so großer Teil der Menschen, nachdem sie die Natur längst von fremder Leitung freigesprochen, dennoch gern zeitlebens unmündig bleiben, und warum es andern so leicht wird, sich zu deren Vormündern aufzuwerfen.» Nicht umsonst werden auch von den Kirchen entsprechende Metaphern benutzt: Da ist die Rede von den «Hirten», die sagen, wo's langgeht, und den «Schafen/Schäflein», die hinterhertrotten, oder vom «Vater im Himmel» mit den dazugehörigen (unmündigen) «Kindern» (Gläubigen), die vom «Vater» angeleitet, bestraft und belohnt werden. Warum wollen so viele Menschen sich auch im Erwachsenenalter wieder zu Kindern zurückstufen lassen?

Albert Einstein formulierte in «Mein Weltbild»: «Einen Gott, der die Objekte seines Schaffens belohnt und bestraft, der überhaupt einen Willen hat nach Art desjenigen, den wir an uns selbst erleben, kann ich mir nicht einbilden. Auch ein Individuum, das seinen körperlichen Tod überdauert, mag und kann ich mir nicht denken; mögen schwache Seelen aus Angst oder lächerlichem Egoismus solche Gedanken nähren.» Dies führt mich zum nächsten Aspekt, der – neben der Angst vor dem (selbstbestimmten) Leben – offenbar viele Menschen in die Fänge der Religionen treibt: die Angst vor dem Tod. Dabei gab es doch eine unendlich lange Zeitspanne für jeden von uns, in der es ihn (noch) nicht gab. Wer könnte behaupten, unter seiner Nichtexistenz in dieser Zeit gelitten zu haben? Und was soll dann daran so schlimm sein, dass es für jeden von uns nach seinem Tode wieder eine unendlich lange Zeitspanne geben wird, in der es ihn nicht (mehr) gibt? Oder, um es mit Monty Python («Das Leben des Brian») zu sagen: «Du weißt, du kommst aus dem Nichts und du gehst wieder ins Nichts zurück. Was hast du also verloren? Nichts!!!»

Überhaupt: Steckt nicht eine gewisse Überheblichkeit hinter der Vorstellung, jemand sei so ungeheuer wichtig und wertvoll, dass es ein «ewiges Leben» in einem «Himmelreich» für ihn geben müsse? Und nimmt sich nicht auch ein Menschlein arg wichtig, wenn es sich einbildet, irgendein allmächtiges Wesen müsse sich Tag für Tag ausgerechnet für seine Probleme interessieren? Ich halte es auch hier mit Albert Einstein, der da meinte: «Nicht nur habe ich keinen Glauben an einen persönlichen Gott, sondern solcher Glauben erscheint mir geradezu kindlich.»

Und warum bemerken viele Menschen nicht, dass sie durch Religion anderen Menschen Macht über sich einräumen? Eine Kaste behauptet, einen besonderen Draht zu einem allmächtigen Wesen zu haben, verbreitet ein wenig Angst («ewige Verdammnis») und Hoffnung («ewiges Himmelreich»), und schon sichern sich die Mitglieder dieser Kaste sehr irdisches Geld (Kirchensteuer, Erbschaften, staatliche Zuschüsse, Ablasshandel usw.) und sehr irdische Macht (Sozialprestige, Mitspracherechte in gesellschaftlichen Gremien, Aufmerksamkeit in den Medien, eigene Rechtsetzung usw.). Durch Präsenz bei allen sozialen Ereignissen (Geburt, Hochzeit, Beerdigung, Anschaffung eines neuen Feuerwehrfahrzeugs für die Gemeinde usw.) können diese Privilegien dauerhaft in der Gesellschaft verankert werden.

Und die Werte, auf die wir Europäer stolz sei können – Demokratie, Freiheit, Menschenrechte, Vernunft usw. –, all diese Werte mussten in einem Jahrhunderte währenden Kampf *gegen* die – in diesem Fall christliche – Religion und Kirche durchgesetzt werden und bedürfen nach wie vor der zähen Verteidigung gegen religiöse Machtansprüche.

Religion macht die Menschen manipulierbar und vermag unethisches Verhalten nicht zu verhindern bzw. manchmal sogar hervorzurufen. Auch zum Thema «Ethik» sei ein letztes Mal Albert Einstein bemüht: «Das ethische Verhalten des Menschen ist wirksam auf Mitgefühl, Erziehung und soziale Bindung zu gründen und bedarf keiner religiösen Grundlage. Es stünde traurig um die Menschen, wenn sie durch Furcht vor Strafe und Hoffnung auf Belohnung nach dem Tode gebändigt werden müssten.»

Dem ist nichts hinzuzufügen.

«In den letzten Jahren beschäftigte mich einfach die Frage, warum gebildete, gelehrte und aufgeklärte Menschen im 20. Jahrhundert glauben und Widersprüche ausklammern oder ignorieren.»

Mario Gesiarz, 52, Gewerkschaftsangestellter, Frankfurt/Main, verheiratet, ein Kind

Seit rund zwölf Jahren bin ich Mundartrezitator, seit 1985 überzeugter Vater und immer für Haushalt und Küche verantwortlich (mit schwankenden, aber großen Anteilen). Für meinen Sohn habe ich eine Karriere in der Nähe des Spitzensports aufgegeben, bin danach in den künstlerischen Bereich gerutscht und mit inzwischen über dreihundert gemeinsamen Auftritten mit meinem Sohn belohnt worden.

Nach rund fünfzehnjähriger Unterbrechung bin ich wieder parteipolitisch aktiv, aber mit größerer Distanz als früher.

Mit Religion/Kirche/Gott habe ich eigentlich gar keine Erfahrungen gemacht. Da ich in einer atheistischen Familie groß geworden bin, kam ich mit Religion zum ersten Mal in der Schule durch das damals noch übliche Morgengebet in Kontakt. Das wurde aber bald eingestellt. In der zweiten Klasse wurde wegen mir erstmals der Schulplan umgestellt, damit ich nicht in Religion gehen musste. Mit Religion habe ich das aber in keiner Weise in Verbindung gebracht, die Freistunden habe ich immer genossen.

Als mein Sohn, der selbstverständlich ungetauft ist, um die zehn Jahre war, tauchte bei meiner Frau, ebenfalls Atheistin, die Frage auf, ob unser Sohn ein kirchenähnliches Ritual braucht oder ob ihm vielleicht etwas im Leben fehlen werde bzw. eine Alternative, z. B. Jugendweihe, sinnvoll wäre. Wir kamen zu dem Ergebnis, ausgehend von meinen Erfahrungen, dass eine starke, selbstbewusste Familie vollkommen ausreicht.

Trotzdem stelle ich mir häufiger die Frage, ob der Mensch Rituale zur Lebensgestaltung braucht. Ich beantworte diese Frage eindeutig mit Ja. Allerdings nicht als inhaltsleeren Denkersatz: Es gibt Situationen, die Rituale benötigen, z. B. der Abschied von einem Menschen. Unter anderem hat mir eine sehr unschöne, da unorganisierte, Beerdigung in der Familie die Rolle eines Grabredners eingebracht. Diese Rolle habe ich inzwischen schon mehrfach ausfüllen können.

Wie oben geschildert, ist meine Familie mütterlicherseits atheistisch. Meine Großmutter (Jahrgang 1902), das zweitälteste von sieben Kindern, war bereits nicht mehr in der Kirche, ebenso fast alle Geschwister. Mein Urgroßvater war freireligiös und aktiver Sozialdemokrat. Meine Großeltern und einige Geschwister waren in der KPD und zahlreichen Verfolgungen in Nazideutschland ausgesetzt.

In ihren letzten Lebenswochen – meine Großmutter wurde 92 Jahre – erzählte sie mir immer wieder eine Begebenheit aus ihrer Schulzeit, wie sie vom Lehrer, da nicht in der Kirche, benachteiligt wurde und ihr Vater immer wieder eingriff. Es muss für sie ein Schlüsselerlebnis gewesen sein. Meine Großmutter war sehr rigoros gegen Kirche und Religion eingestellt. Das führte einmal zu einer recht drolligen Begebenheit. So warf sie, als sie mit Ende achtzig erstmals im Krankenhaus lag, einen katholischen Pfarrer, der von Zimmer zu Zimmer ging, ziemlich unhöflich hinaus. Es stellte sich später heraus, dass es sich um jenen Pfarrer handelte, mit dem ich politisch im Stadtteil u. a. gegen eine Nazibande aktiv war. Wir alle haben es mit viel Humor genommen: «Da hab ich wohl den Falsche nausgeschmisse.»

Das zum Hintergrund. Meine Mutter ist ebenfalls ungetauft und mit Religion praktisch nicht in Berührung gekommen. Mein Vater stammt aus Polen und aus einer katholischen Familie. Das hat aber für ihn nach seiner KZ-Zeit nie eine Rolle gespielt. Beide sind politisch wenig aktiv gewesen.

So kam ich praktisch nie mit Religion in Berührung. Über Kirche und Gottesglaube wurde in der Familie immer nur gelästert, nicht bösartig, aber ohne viel Verständnis für solche Lebensansichten.

Ich bin seit meiner Jugend politisch aktiv und habe immer vorbehaltlos und mit gegenseitigem Respekt zahlreiche politische Aktivitäten (Gewerkschaft, Antifaschismus, Stadtteilgeschichte) mit Pfarrern und Gemeindemitgliedern erlebt.

Als Jugendlicher brachte mich immer ein Satz meiner Großmutter zur Weißglut: «Bub, mir Kommuniste sinn die bessere Christe!» Eine Aussage, die ich meinen Großeltern heute durchaus zubillige. Unsere damalige Art der politischen Überzeugung sehe ich im Rückblick in Teilen durchaus als Ersatzreligion an.

Mit meiner Mundartrezitation musste ich mich viel mit dem 19. Jahrhundert auseinandersetzen. Durch politische Satiren, die in meinem Programm eine große Rolle spielen, benötigte ich in den letzten Jahren zahlreiches Hintergrundwissen über Kirche, Bibel, Religion und Glauben.

Erst jetzt begann ich mich – immer mit großer Distanz –, wohl mit den Fragen eines Grundschülers, mit dem Thema zu beschäftigen. Ich schaute erstmals in eine Bibel. Allerdings entdeckte ich nichts Wichtiges darin. Im Gegenteil: Intoleranz, Menschenverachtung, bestenfalls eine Märchenwelt nahm ich bisher dort wahr. Ansonsten erhielt ich einige Lehreinheiten bei Auftritten mit kirchenkritischen Texten (aus dem 19. Jahrhundert). Ich trete regelmäßig in Kirchengemeinden auf, bisher ohne Schaden zu nehmen. Die Institution Kirche spielt für mich dabei keinerlei Rolle.

In den letzten Jahren beschäftigte mich einfach die Frage, warum gebildete, gelehrte und aufgeklärte Menschen im 20. Jahrhundert solches glauben und Widersprüche ausklammern oder ignorieren. Leider fällt es mir schwer, mit bekennenden Christen darüber zu reden, da ich viele davon oftmals sehr schätze und sie daher nicht verletzen möchte. Die Frage ist für mich immer noch unbeantwortet und wird es wohl auch bleiben. Allerdings werde ich auch nie wirklich begreifen, warum ein Flugzeug am Himmel nicht runterfällt.

Ich empfinde mich als «im Leben stehend» und versuche, die Realitäten dieser Zeit wahrzunehmen, kritisch zu prüfen, bin aber verzweifelt, oft nichts ändern zu können. Gottesgläubige Menschen tun mir im Innersten einfach leid, ich werde sie nie verstehen. Ich würde es ihnen auch nicht zeigen wollen. Strenggläubige, missionierende Menschen spielen für mich keine Rolle, sind eventuell so etwas wie politische Gegner. Ich versuche, ihre Überzeugung zu achten und ihre Ansichten zu widerlegen.

Sinn und Halt im Leben gab und gibt mir aber auch meine Familie. Sowohl die Generation der Großeltern, deren Geschichte ich dokumentieren und erforschen möchte, heute meine eigene Familie, meine Frau und vor allem mein Sohn. Dazu kommt das Engagement mit meiner Kleinkunst, welche eng mit der Frankfurter Stadtgeschichte verbunden ist. Und, nach wie vor, ein politisches Engagement für einige von uns als wichtig empfundene Werte: die Achtung vor dem Leben, kritisch-unabhängiges Denken, Abscheu gegen Krieg im Großen und Gewalt im Kleinen, Aufrichtigkeit und Ehrlichkeit; Gerechtigkeit, Freiheit und faire Lebensbedingungen für alle Menschen.

Anderen auf den Weg geben möchte ich eigentlich nur den Wunsch, Lebensansichten zu hinterfragen und dadurch vielleicht mit Neugier in einen Dialog zu treten. Leider empfinde ich die Möglichkeiten zu einem fairen, streitbaren Dialog als sehr unterentwickelt.

«Anderen mitgeben möchte ich,

das Leben zu lieben!»

Max Kruse, 86, Kinderbuchautor, Urmel-Schöpfer und Kulturkritiker, Penzberg in Oberbayern, verheiratet

Max Kruse wurde 1921 als Sohn des Bildhauers Professor Karl Max Kruse und der Puppenkünstlerin Käthe Kruse geboren. Nach dem Abitur in Weimar studierte er kurz an der Universität Jena bis zu deren Schließung im Krieg. Kruse war nie Soldat. Nach dem Krieg baute er die mütterliche Firma (Käthe-Kruse-Puppen), die in der DDR enteignet wurde, in der BRD neu auf. Danach arbeitete er als Werbetexter und später als freier Schriftsteller. Er ist mit der Chinesin Shaofang verheiratet und lebt in Penzberg in Oberbayern, rund 50 Kilometer südlich von München. Kruse ist Mitglied des P.E.N.

Neben der Reihe um das «Urmel» verfasste er verschiedene andere Reihen, etwa «Der Löwe ist los», «Don Blech», «Lord Schmetterhemd», «Der Morgenstern», und die Kulturgeschichte «Im weiten Land der Zeit». Außerdem gehört er dem Beirat der Giordano-Bruno-Stiftung an.

Ich bin ungetauft in einer liberalen Familie aufgewachsen. Ob mein Vater und meine Mutter an Gott geglaubt haben, weiß ich nicht einmal. Meine Mutter und mein Vater hatten Umgang mit hochinteressanten Leuten, die meist atheistisch waren, wie zum Beispiel dem russischen Revolutionär Fürst Krapotkin.

Religion spielte in unserer Familie also keine Rolle. Meine Mutter hat zwar – als ich ein Kind war – abends mit mir gebetet, als acht- oder neunjähriger Junge aber fragte ich schon: «Und wer hat Gott erschaffen?»

Kurz bevor mein Vater starb, sagte er allerdings: «Ich glaube an den Sinn des Lebens.» Doch dachte er dabei nicht an einen persönlichen Gott.

Auch in der Schule hat Religion für mich keine Rolle gespielt, zumal ich kaum jemals in eine Schule ging. Kurze Zeit war ich, noch im Kindergarten, in der freigeistigen Odenwaldschule, die meine Geschwister sehr geprägt hatte. In der Nazizeit, 1934, mit 12 Jahren, ließ mich meine Mutter allerdings in Arosa in der Schweiz taufen, ich vermute, dass sie sich von der Zugehörigkeit zu einer Schweizer Kirche einen gewissen Schutz vor einer Vereinnahmung durch die Nationalsozialisten versprach. Vor dieser Taufe musste ich auf Verlangen des Pfarrers einige Male, zum ersten Mal für mich, am Religionsunterricht in der Volksschule Arosas teilnehmen. Auch später, in meinem Freundeskreis, spielte Religion nie eine nennenswerte Rolle. Man sprach natürlich ab und zu über Gott, ob es ihn gäbe oder nicht, aber ohne besonderes Engagement. Ich habe diese Zeit in meinen beiden Biographien «Die versunkene Zeit» und «Die behütete Zeit» ausführlich geschildert.

Gleich nach dem Zweiten Weltkrieg trat ich aus der Kirche aus, während der Nazizeit wollte ich das vermeiden. Auf Wunsch meiner ersten Frau, die einen jüdischen Vater hatte, der Theresienstadt überlebte, ließen wir unsere beiden Kinder taufen, sie wurden jedoch nicht konfirmiert.

Ich selbst kann mich seit meiner Kindheit als Agnostiker bezeichnen, der immer mehr zum Atheisten wurde. Selbst in den bittersten Zeiten, die meine Familie im Krieg erlebte, oder nach dem Unfalltod meines einzigen Sohnes, kam ich nicht auf die Idee, einen Gott für alles irdische Unheil verantwortlich zu machen oder im Glauben Trost zu suchen. Von meiner Mutter, die zwei Söhne im Krieg verlor, habe ich das auch nicht erlebt.

Religiöse Fragen waren mir lange eher gleichgültig, ich achtete und achte den Glauben jedes Menschen. Doch seit die religiösen Fragen wieder so virulent geworden sind, seit den Terroranschlägen der religiösen Fundamentalisten und den religiös motivierten Kriegen und Auseinandersetzungen, seit auch in den USA die Intoleranz zunimmt und sich gegen menschliche Freiheiten und die Erkenntnisse der Naturwissenschaften richtet, änderte sich meine Einstellung – zu meiner eigenen Überraschung. Die Beschäftigung mit der Religionsgeschichte tat ein Übriges, untermauert durch das Wissen um die unendliche Ausdehnung des Weltalls, die für uns unfassbaren Zeiträume und die Existenz von Milliarden Sonnensystemen in Milliarden Galaxien. Es ist für mich völlig undenkbar, dass es in diesen Dimensionen einen persönlichen, menschenähnlichen Gott geben soll, der sich um jeden einzelnen Menschen liebevoll kümmert. Umso wichtiger ist für mich Humanität. Wir müssen miteinander liebevoll umgehen. Wir brauchen keinen Gott, der uns gebietet, andere Menschen zu töten, und uns durch ewige Freuden in einem Paradies zu belohnen verspricht!

Sicher, viele Menschen sind es noch gewöhnt zu glauben, sie brauchen noch einen Gott, um ihr Leben bewältigen zu können. Doch ich glaube, dass dieses Bedürfnis mit wachsender Reife und zunehmendem Allgemeinwissen abnehmen wird, ja, abnehmen muss, damit die Welt friedlicher wird. Für mich ist ein Leben ohne Glauben ein Schritt der menschlichen Evolution, den wir gehen müssen. Unter den mir nahestehenden Menschen sind nur ganz, ganz wenige, die Gott noch brauchen, und keiner, der ohne Zweifel wäre. Meine Frau, mit der ich nun schon über vierzig Jahre zusammenlebe, hat chinesische Eltern und Vorfahren. In dieser hohen, seit vielen tausend Jahren blühenden Kultur kannte man nie einen allmächtigen Schöpfergott. Es gab und gibt ihn in ganz Asien nicht. Und kein Mensch auf der Welt kann behaupten, dass die abendländische Geschichte, geprägt durch ihre monotheistischen Religionen, friedlicher gewesen wäre. Im Gegenteil. Es gibt wohl kaum eine blutigere Geschichte auf dieser Erde als die des Christentums, und kaum eine intolerantere.

Wer mich kennt, kennt auch meine Einstellung. Glücklicherweise habe ich ihretwegen nie Schwierigkeiten gehabt – jedenfalls keine, von der ich weiß. Ich hoffe, dass dies bis zum Ende meines Lebens so bleibt, obwohl das Klima rauer wird. Noch vor einem Jahrzehnt hätte ich nicht geglaubt, dass die Gefahr einer Rückkehr mittelalterlicher Gräuel besteht. Heute bin ich mir da nicht mehr so sicher. Es ist eine Tragödie! Wir sollten unser Leben lieben und machen es uns gegenseitig zur Hölle! Dieses Leben ist einzigartig, die einzige Chance, die wir jemals haben werden, diese wunderbare Erde, die wir pflegen müssen, zu sehen. Sie ist mit großer Wahrscheinlichkeit das einzige wirkliche Paradies, das im unermesslichen Universum existiert, und mit Sicherheit das einzige, das wir Menschen jemals bewohnen werden. Ohne die Erde sind wir nichts, wir sind ihre Kinder.

«Wenn Religion sich in unser Leben einmischt, in unsere Betten und Schlafzimmer, in unseren Geist … Alles wird durch diesen Schatten irgendwie schwarz.»

Mina Ahadi, 50, weltweit aktivste Kämpferin gegen Steinigung, Vorsitzende des Zentralrats der Ex-Muslime, Autorin, Köln, verheiratet, zwei Töchter

Mina Ahadi ist eine exil-iranische politische Aktivistin, die sich für Menschenrechte und Glaubensfreiheit einsetzt. Ahadi gründete 2001 das Internationale Komitee gegen Steinigung. Sie ist Vorsitzende des 2004 ins Leben gerufenen International Committee Against Executions (I.C.A.E.) und des 2007 gegründeten deutschen Zentralrats der Ex-Muslime. Mina Ahadi wurde im Oktober 2007 von der britischen National Secular Society mit dem Irwin Prize for Secularist of the Year ausgezeichnet. Sie lebt seit 1996 in Deutschland. Im Februar 2008 erschien ihre Autobiographie «Ich habe abgeschworen», die sie zusammen mit der Kölner Autorin Sina Vogt verfasst hat.[23]

1990 bin ich aus Kurdistan nach Wien geflohen. Ich war durch einen chemischen Angriff Saddam Husseins verletzt worden. Noch in Kurdistan hatte ich meinen zweiten Mann kennengelernt, mit dem ich auch jetzt noch zusammenlebe. Ich habe zwei Kinder: Eine Tochter ist fünfzehn, die andere zehn. In Wien und Köln habe ich eine einjährige Ausbildung gemacht (ich hatte schon medizinische Vorkenntnisse) und ungefähr sieben bis acht Jahre in Altersheimen als Krankenpflegerin gearbeitet. Dann war ich einige Zeit in der Hauskrankenpflege tätig.

Jetzt engagiere ich mich hauptsächlich für die Rechte der Frauen. Schon seit meiner Ankunft in Europa arbeite ich mit verschiedenen Frauen- und Menschenrechtsorganisationen zusammen. In den Medien werde ich meist als Islamkritikerin bezeichnet oder als Frauenrechtlerin. Aber mein Name ist am meisten mit dem Kampf gegen Steinigung verbunden, weil ich ein sehr großes Netzwerk gegen Steinigung leite. Und ich arbeite mit einigen Organisationen gegen die Todesstrafe und für Frauenrechte in den sogenannten islamischen Ländern.

Ursprünglich komme ich aus dem Iran. Das kleine Dorf, in dem ich geboren wurde, liegt in Aserbaidschan. Meine Muttersprache ist Türkisch. In diesem Ort und in meiner Familie war Religion immer ein sehr wichtiges Thema, eine sehr ernste Angelegenheit. Als Kind habe ich von Anfang an mitbekommen, dass zu Hause der Koran gelesen wurde; auch der Ramadan wurde immer eingehalten. Das war eine sehr große Zeremonie bei uns damals: Wir Kinder sind am Abend oder in der Nacht aufgewacht und haben am Radio mitgehört, damals zur Schah-Zeit. Wenn man als Kind immer wieder nachts aus dem Schlaf gerissen wird und einer redet von Hölle und Paradies und solchen Dingen – ich denke, das ist, psychologisch betrachtet, eine sehr ernste Sache. Als siebenjähriges Mädchen habe ich beim Nachmittagstee schon zugehört, wie über Gott diskutiert wurde, über die Frage, ob es ihn gibt oder nicht. Eines Tages kam mein großer Bruder, er war ungefähr 18, 19 Jahre alt, nach Hause und sagte: «Ich habe keine Religion mehr.» Und ich sah meine Mutter an, wie sie reagieren würde. Sie blieb gelassen und sagte: «Okay, erkläre mal, was ist los.» Und er hat geantwortet: «Es gibt einen Mann, der Darwin heißt …» Für meine Mutter war seine Entscheidung in Ordnung. Als jedoch zwei oder drei Jahre später mein kleiner Bruder nach Hause kam und sagte, er habe nun ebenfalls keine Religion mehr, wurde heiß diskutiert. Mein Onkel, der auf der Universität war, kam zu uns, lachte darüber und sagte, es sei Blödsinn, wenn man denke, es gäbe einen Gott. Aber meine Mutter sagte: «Doch, Kind, es gibt einen Gott. Aber man muss eine Grenze setzen: Dieser Gott ist nicht so schlimm.» So hat meine Mutter diskutiert.

Das heißt, Sie hatten zu Hause die Voraussetzungen, um so kritisch zu werden.

Ein islamisches Regime gab es damals noch nicht, obwohl die Religion im Alltag verankert war und durch die Medien verbreitet wurde; Fasten und Beten und all diese traditionellen Sachen waren normal, auch für mich als neunjähriges Mädchen. Im Alter von neun bis vierzehn habe ich zu Hause gebetet, dreimal am Tag. Manches hat damals auch Spaß gemacht, hatte etwas mit Freiheit zu tun, dass man zum Beispiel bis Mitternacht auf der Straße bleiben durfte, als Mädchen, weil man in die Moschee ging ... Ich bin mit meiner Mutter in die Moschee gegangen, habe geguckt, wie Frauen dort lachten und redeten und beteten, das soziale Zusammenleben genossen. Frauen war es damals verboten, einfach rauszugehen. Da war die Moschee auch eine Art Ausweg, um irgendwo hingehen, andere Frauen treffen zu können. Und die Menschen waren zu der Zeit eben nicht so extrem religiös.

Bei uns im Dorf, aber besonders in der Familie, gab es immer wieder Diskussionen über das Thema. Mein Großvater, der Vater meiner Mutter, war Atheist, und das war sehr interessant, hatte auf mich von Anfang an eine Wirkung, brachte mich zum kritischen Nachdenken – als Kind noch nicht, aber später, im Alter von vierzehn, fünfzehn Jahren. Mein Großvater war ein sehr eleganter, außergewöhnlicher Mann: Er war kritisch und hat gelacht und Witze gemacht über Gott und den Propheten Mohammed, Gotteslästerung betrieben, geflucht. Und er hat Alkohol getrunken, beim Essen, wenn er bei uns gewesen ist. Er war ein intellektueller Mensch, sogar einige Zeit Bürgermeister einer sehr großen Stadt. Er hat sich von meiner Großmutter scheiden lassen, war frei und hat eine Freundin gehabt. Und eine Bibliothek, er war belesen. Seine Bücher habe ich mir immer angeguckt.

Als Vierzehnjährige habe ich sehr viel gelesen und eine Bibliothek in unserer Hauptschule organisiert, ich habe Kindern Bücher gegeben und selber Dostojewski, Gorki, Sartre gelesen, «Sein oder Nicht-Sein». Ich hab das damals nicht verstanden, aber ich habe mich immer wieder gefragt: Was bedeutet Leben?

Verglichen mit heute, wo jedes kleine Mädchen im Iran ab seinem fünften Lebensjahr ein Kopftuch tragen muss, wo alles religiös begründet und mit Gewalt durchgesetzt wird, ist meine Generation noch in einem anderen, besseren Klima aufgewachsen.

Manche aus meinem kleinen Dorf begannen damals bereits, auf die Universität zu gehen, und sie haben von dort viel Diskussionsstoff mitgebracht. Durch diese Gespräche und diese Kindheit wurde ich sehr schnell Atheistin. Es war ein sehr wichtiger Punkt in meiner Entwicklung, als ich aufgehört habe zu beten. Es war sehr schwierig für mich. Zunächst war es, als hätte ich etwas verloren, wenn ich nicht gebetet habe. Aber trotzdem habe ich damit aufgehört und war dann kritisch gegenüber dem Islam, auch in der Theorie.

Als nach der Revolution das islamische Regime an die Macht kam, war ich Medizinstudentin, und ich habe als Atheistin, als eine linksorientierte Person, an Demonstrationen teilgenommen. Da war ich 21. Seit dieser Zeit führe ich meinen Kampf gegen dieses Regime, gegen den Islam und die Traditionen, gegen die Wirkung, die diese Religion in Frauenleben, auch in meinem Leben hat. Das heißt, ich bin nicht nur Atheistin, sondern ich kämpfe auch aktiv gegen diesen Glauben, dieses System.

Der Islam hat einen sehr schlechten Einfluss auf das Leben von Frauen gehabt, und das ist ein Tabuthema. Es wird z. B. überhaupt nicht über Sex geredet oder über die Bedürfnisse der Frauen, über Privatleben, das Zusammensein von Männern und Frauen, über Homosexualität. Von Anfang an wirst du unterdrückt. Und es wird, um ein weiteres Beispiel zu nennen, behauptet, es sei schmutzig oder schlecht, die Periode zu haben. Man darf sich dann nicht in Moscheen aufhalten, muss es verstecken. Und wenn ein Mädchen zum Beispiel lacht, dann wird es bestraft. Auch Frauen dürfen nicht laut lachen, Männer dürfen alles. Das ist ein Phänomen, das das normale Leben sehr tiefgreifend zerstört. Nicht nur im Augenblick, wo es geschieht, sondern auf lange Zeit: Ich habe mit Frauen zu tun gehabt, die aus dem Iran geflüchtet sind und jetzt in ganz normalen Beziehungen leben, die aber trotzdem eine bestimmte Seite des Lebens verloren haben. Das sitzt tief drin.

Deswegen eben ist für mich Atheist-Sein die eine Sache – aber Antireligiös-Sein geht noch weiter: gegen diese Erniedrigung von Gefühlen kämpfen, von Leben und Lachen, von Freude-Erleben … Ich vertrete einige Menschen, die tief betroffen wurden von dieser Religion. Es ist etwas völlig anderes, ob du in Köln in einer religiösen Familie lebst oder ob du in einem sogenannten islamischen Land aufwächst bzw. einem Land mit einer islamischen Regierung oder Tradition oder Regierungen, die den Islam und die Religion immer verteidigt haben. Denn im letzteren Fall haben wir es mit einer politischen Religion zu tun, die sehr viele Menschenleben kaputtmacht. Die Machthaber benutzen Religion als effektives Instrument, um Gewalt auszuüben. Vielleicht bin ich deshalb ein Mensch, der anders über Religion redet, der politisch sehr aktiv, sehr engagiert ist gegen diese Front. Ich mache bei der Kampagne «Wir haben abgeschworen»[24] mit, weil ich denke, dass die europäischen Länder eine sehr schlechte Politik diesem Problem gegenüber machen. Die islamischen Organisationen greifen die Säkularität und die Menschenrechte an. Es wird immer wieder behauptet, dass man Respekt haben muss gegenüber den Muslimen, die aus anderen Ländern kommen und eine andere Kultur haben, eine andere Mentalität. Das bestreite ich immer! Es gibt keine solche Kultur! Es gibt eine bestimmte Art zu leben in dem Land, wo ich herkomme – und das ist eine reaktionäre, Anti-Frauen, antihuman, Anti-Menschen – und das muss schon so benannt werden, wie es ist! Diese vielen islamischen Gruppen, die vielen Moscheen hier in Deutschland – und gleichzeitig so viel Toleranz gegenüber dieser Bewegung, das finde ich überhaupt nicht in Ordnung.

Die deutsche Regierung oder die Medien sagen: «Herr XY vom muslimischen Verband vertritt drei Millionen Muslime in Deutschland.» Aber auch wir Ex-Muslime möchten gehört werden und gründeten deshalb den Zentralrat der Ex-Muslime: Wir sind aus dem Islam ausgetreten und haben einen Aufruf gestartet: «Sind Sie Nicht-Muslim oder nicht praktizierender Muslim?» Wer diese Frage mit Ja beantwortet, kann uns beitreten, und wir haben eine Stimme mehr. Es muss irgendwie gezeigt werden, dass es diese kritischen Meinungen und Atheistinnen bzw. Atheisten aus diesen Religionen gibt und welche Probleme sie haben. Besonders bei Frauen finde ich das sehr wichtig. Ich vertrete 40 bis 50 % dieser Menschen, manchmal sogar mehr, aus dem Iran, der Türkei, aus Afghanistan usw. Man darf nicht alle in einen Topf werfen, darum geht es in dieser Kampagne.

Was treibt Sie an, sich derart zu engagieren?

Ich bin schon lange hier. 1990 bin ich nach Wien gekommen und 1996 nach Köln. Vor meinem Leben in Europa, 1980, damals habe ich schon Medizin studiert, hat Khomeini alle Frauen dazu aufgerufen, ein Kopftuch zu tragen. Ich habe das nicht akzeptiert, auch nicht das islamische Regime. Sehr schnell habe ich gesagt: Das ist reaktionär! Das Kopftuch ist ein Symbol der Frauenunterdrückung, es bedeutet: Ich darf nicht lachen auf der Straße, ich habe kein Recht auf Scheidung, als verheiratete Frau muss ich akzeptieren, gesteinigt zu werden, wenn ich fremdgehe. Und deswegen habe ich gesagt: Ich trage kein Kopftuch. Ich mache das nicht.

Und ich habe an vielen Demonstrationen teilgenommen und bin dann von der Universität exmatrikuliert worden, was das Ende meines Studiums bedeutete. Ich befand mich in einer Sackgasse. Danach habe ich in einer Fabrik als Arbeiterin angefangen, weil ich meinen Lebensunterhalt verdienen musste. Wieder musste ich mich fragen: Was soll ich tun, als Frau? Entweder würde ich das alles doch noch akzeptieren, oder ich würde eine Rebellin werden, ein Mensch, der mit allen Mitteln dagegen ist. Eine sehr gefährliche Aufgabe und eine sehr gefährliche Entscheidung.

Das war damals gefährlich, aber doch auch heute noch?!

Schon, aber damals, unter diesem Regime, sind alle ermordet worden, die auch nur die kleinste Kritik geübt haben am Islam, am Kopftuch zum Beispiel. Darauf stand die Todesstrafe! Aber trotz allem habe ich mich für den Kampf entschieden. Ich hatte damals schon ein Jahr Untergrundarbeit geleistet und war mit einem Physikstudenten verheiratet. Wir haben beide gegen das Regime gearbeitet und ein Netzwerk gegründet, in dem wir auch geschrieben haben. Dann wurde unsere Wohnung von der Geheimpolizei entdeckt. Ich habe in dieser Nacht, als sie in unsere Wohnung gekommen sind, gearbeitet und war nicht zu Hause. Wir hatten damals gerade Besuch aus Kurdistan, und die Frauen trugen kurdische Kleidung. Das war zu dieser Zeit etwas problematisch.

Als ich von der Arbeit kam, waren alle meine Gäste und mein Mann schon festgenommen. Ich habe Polizei, also bewaffnete Männer, gesehen. Die hießen damals «Revolutionswächter». Und ich sah, dass die bei mir zu Hause waren, selbst auf dem Dach habe ich welche entdeckt. Also bin ich nicht nach Hause gegangen.

Ich habe damals mit verschiedenen Menschenrechtsorganisationen Kontakt aufgenommen, trotzdem wurden nach einem Monat mehrere unserer Besucher hingerichtet, auch mein Mann.

Damals hat das Regime die Namen der Ermordeten jeden Tag in der Zeitung veröffentlicht. Wenn man diese Zeitung morgens zum Kaffee gekauft hat, konnte man schon fünfzig Namen von Menschen lesen, die in dem und dem Gefängnis am Abend zuvor hingerichtet worden waren.

An dem Tag, an dem mein Mann ermordet wurde, bin ich von der Stadt, in der ich studiert habe, in die Hauptstadt Teheran gefahren, weil ich gesucht wurde und mein Foto schon überall verteilt war. Ich wollte eine Zeitung kaufen, aber meine Freundin sagte mir, das solle ich lassen. Am Abend war ich mit ihr in einer (fremden) Familie, und die haben nach dem Abendessen eine Schweigeminute gehalten. Nach der Schweigeminute hat der Mann meiner Freundin zu mir gesagt: «Mina, ich muss dir etwas sagen.» Und dann hat er mir erklärt, was passiert war und dass der Name meines Mannes schon in der Zeitung steht, ich könnte nachsehen, wenn ich wollte. Ich habe gesagt: «Nein, ich gucke nicht.» Aber es war passiert. Ich hätte nie gedacht, dass alles so schnell gehen würde, bereits nach einem Monat …

Ein Jahr lang hielt ich mich in Teheran versteckt, jede Nacht woanders, mit anderen Menschen. Zum Beispiel durfte ich nur eine Nacht bei meinem Bruder zu Hause zu bleiben, weil es so gefährlich war. Jeder, der mich beherbergt hat, war auch in Lebensgefahr.

Danach bin ich nach Kurdistan geflüchtet, wo ich zehn Jahre lang als Partisanin in einem Lager lebte. Das heißt, ich habe mit Untergrundorganisationen gegen das islamische Regime gekämpft, mit allen Mitteln. Direkt am Krieg war ich nicht beteiligt, trug aber zu meinem Schutz eine Waffe bei mir. Ich habe Radiosendungen gemacht, über Frauenrechte und Menschenrechte gesprochen, von Steinigungen berichtet und Kampagnen organisiert. Es war eine sehr, sehr schwierige Zeit und ein sehr schwieriges Leben.

Ihre Lebensgeschichte ist sehr bewegt. Sie haben viel erlebt.

Und deswegen ist es mir heute sehr wichtig, dass man in den europäischen Ländern über die Belastungen redet, denen die Menschen ausgesetzt sind: nicht nur politisch, sondern auch, welchen psychischen Druck man aushalten muss, wenn man dieser Religion angehört (aber auch anderen Religionen), wenn man in diesem Klima lebt und all das mitmachen muss. Bisher haben nur wenige darüber gesprochen. Besonders die betroffenen Frauen reden nicht offen über ihre Erlebnisse, das ist ebenfalls ein Tabu. Mal ganz abgesehen davon, dass solche Berichte in den europäischen Ländern nicht so gern gehört werden. Es gibt hier wenig kritische Stimmen dazu, welchen Schmerz es bedeutet, wenn man in einem Land lebt, das vom Islam beherrscht wird; wenn Religion sich in unser Leben einmischt, in unsere Betten und Schlafzimmer, in unseren Geist – und wie kaputt sie unser Leben macht und unsere Freude, unsere Sexualität und unser Zusammenleben mit Kindern. Alles wird durch diesen Schatten irgendwie schwarz.

Aber Ihnen ist nicht ganz klar, ob das allein von der Religion herkommt?

Aus der Erziehung, der Tradition, aus allem zusammen. Das stört mich sehr – wenn man als Jugendlicher zum Beispiel tanzen gehen möchte, ist nicht einmal das möglich.

Heute stehe ich mit sehr vielen Frauen aus den entsprechenden Ländern in Kontakt; wir sitzen zusammen, wir reden darüber, fast wie eine Selbsthilfegruppe, und dabei sehen wir, wie ähnlich wir alle sind: Wie sehr sich die Probleme gleichen, die wir bisher gehabt haben, wie sehr wir unter Druck gelebt haben und wie stark unsere Depressionen sind. Viele der Frauen haben Depressionen. Selbst wenn sie jetzt mit einem Freund zusammenleben und einen Mann lieben, haben sie sehr häufig kein befriedigendes Sexualleben. Viele glauben, dass sie die Beziehung zu einem Mann akzeptieren müssen, weil sie verheiratet sind. Aber sie nehmen den körperlichen Aspekt oft als gewalttätig, als Vergewaltigung wahr. Darüber wird nur sehr selten gesprochen, aber in dieser Selbsthilfegruppe entstehen ein engerer Kontakt und Vertrauen, was solche Gespräche ermöglicht. Auf der Straße können Sie leicht den Eindruck gewinnen: Diese Frau ist sehr schick, elegant gekleidet, modern und so weiter. Aber bei näherem Hinsehen erkennt man die Probleme und wie kompliziert das Leben ist, wenn man als Kind auf diese Art aufgewachsen ist, psychisch so unter Druck gestanden und diese Tradition und Erziehung erlebt hat.

Sichtbar sind die Dinge wie Beten, Kopftuchtragen, die ungerechten Gesetze und so weiter. Es ist interessant, dass heute im Iran viele Menschen aus meiner und der jüngeren Generation häufig keine praktizierenden Muslime mehr sind und auch viele Jugendliche antireligiös sind. Denen kommen Gedanken wie: Wenn Gott von mir verlangt, so zu sein – dann brauche ich diesen Gott nicht mehr. So denkt inzwischen nicht mehr nur eine kleine Gruppe; es sind nicht mehr nur die Linken, sondern die meisten Menschen.

Ich bin sehr viel unterwegs und gebe Interviews im Radio und im Fernsehen, die auch im Iran gesendet werden. Einmal gab ich dort ein Interview, eine Live-Übertragung. Einige Jugendliche haben angerufen und gesagt: «Entschuldigung, das war sehr politisch, aber ich bin nicht politisch. Ich habe kein Interesse an Politik, ich will mein Leben leben, ich will Spaß haben, ich möchte Freunde haben, ich möchte alles, was Jugendlichen in den europäischen Ländern auch erlaubt ist. Ich möchte nicht in ein Netzwerk gehen und kämpfen.» Und ich habe geantwortet: «Das ist sehr gut. Besser als das, was wir vorher gemacht haben. Es ist ein Zeichen dafür, dass es eine sehr breite religionskritische Bewegung gibt im Iran.»

Auch die Weblogs sind ein interessantes Phänomen. Es gibt Tausende davon im Iran, viele von Frauen, die dort über sich schreiben. Das ist schon eine eigene Bewegung, eine eigene Revolution. Manchmal wird sehr intensiv über private Sachen berichtet. Und manchmal auch über politische Ereignisse, wie die Festnahme eines Menschen oder eine Ermordung.

Diese Texte gefallen mir viel besser als die der Parteien, die jetzt im Ausland arbeiten oder in der iranischen Opposition sind und seit dreißig Jahren kämpfen. Viele dieser Texte sind so unkonventionell und menschlich und kritisch gegenüber dem Regime!

Im Iran sagen die Leute etwa: «Madonna ist beliebter als Khomeini.»

Es gibt eine Zeremonie, die die Muslime auch hier an dem Tag vollziehen, an dem einer der Propheten gestorben ist: drei Tage Trauerfeier, wenn eine Person Hussein heißt zum Beispiel. Die Jugendlichen im Iran haben das Hussein-Party genannt, und die machen auf der Straße Party und tanzen und singen aus dem Koran, aber auf eine europäische Art, so wie Rap. Die Jugendlichen sind untereinander befreundet, das ist heute kein Tabu mehr. Das heißt, obwohl ein islamisches Regime herrscht und vieles mit Gewalt verbunden ist, gibt es gleichzeitig auch ein ganz anderes Leben, einen ganz anderen Umgang mit Religion.

Die Jugendlichen wissen, dass sie nicht alleine sind. Und auch, dass in anderen Regionen der Welt Jugendliche viel freier leben können. – Was mich interessiert, weil ich ja eher die psychische Seite beleuchten möchte (es heißt ja immer, dass Religion einem Halt gibt): Was gibt Ihrem Leben Sinn und Halt?

Ich glaube, dass es wichtig ist, darüber nachzudenken, was man auf dieser Welt erlebt, und nicht, was nach dem Tod kommt. Darüber muss man sich klarwerden. Alles, was passiert, passiert hier!

Mir gibt das Zusammenleben mit Menschen Halt. Und dass wir einander helfen, Menschlichkeit zu schaffen. Das war mein Ziel von Anfang an. Ich habe anderen geholfen oder geguckt, wie es anderen Menschen geht, und bis jetzt war das ein wichtiges Ziel in meinem Leben, dass man mit anderen Menschen glücklich ist. Ich kann nicht alleine glücklich sein. Ich kann mir kein Nest bauen und sagen: alles in Ordnung. Ich glaube, kein Mensch kann so etwas. Aber einige versuchen zumindest, in einem kleinen Rahmen glücklich zu werden.

Natürlich ist vieles in unserer Welt sehr schlimm, und man kann als einzelner Mensch nicht alles verbessern oder allen helfen. Trotzdem glaube ich, dass soziale Netzwerke oder Personen wie ich Fenster sind, durch die man ein besseres Leben oder Zusammensein erkennen kann. Und wenn es Menschen wie uns nicht gegeben hätte, dann würde die Welt wahrscheinlich noch schlimmer aussehen.

Die Menschenrechte sind universell. Sie sind die Grundlage, um ein besseres Leben zu schaffen. Und alle zusammen können wir das auch erreichen. Ich bin nicht nur Atheistin, sondern habe auch Marx gelesen, und dessen Definition von Leben gefällt mir sehr gut. Seine Kritik am System und sein tiefer Respekt vor der Menschheit, den es in seiner Theorie gibt, gibt mir sehr viel Halt. Nur Atheistin zu sein, wäre mir zu wenig.

Wenn ich noch einmal in diese Welt kommen würde, würde ich alles noch einmal so machen, obwohl es mitunter sehr schwierig war und ich manchmal sehr verzweifelt gewesen bin. Ich habe oft mit einem Bein schon im Grab gestanden, weil ich unter Todesstrafe stand und den Krieg miterlebt habe. Trotzdem bin ich stolz, weil ich nicht akzeptiert habe, dass ich kein Mensch sein, keine Würde haben, dass ich in meinem Leben nicht entscheiden können soll, mit wem ich schlafe. Dass man mir vorschreibt, was ich mit meinem Körper machen soll oder mit meinem Geist oder meinem Leben.

Es gibt nur das Hier und Jetzt und kein Leben nach dem Tod. Das ist auch total klar für mich. Ich glaube, dass die Religion versucht, Menschenleben mit einer Art Trick kaputtzumachen. Indem man in diesem Leben alles akzeptieren und annehmen soll, dass es nachher, nach dem Tod, schon ein besseres Leben geben werde. Viele falsche Dinge werden durch Religion gerechtfertigt, und nicht die Menschen haben darin einen Wert, sondern ein Geist, ein «Gott» entscheidet über alles. Das macht alles kaputt.

Es spielt eine wichtige Rolle für den Alltag im Iran, dass die religiösen Leute zu sehr viel Macht gekommen sind. Doch die Menschen haben im Laufe der Zeit gesehen, wie brutal dieses System ist und wie viel die Mächtigen für sich behalten haben: Die Kinder der Mullahs besitzen viele Fabriken und Villen, selbst im Ausland, z. B. in Kanada. Es macht die Menschen tief betroffen, dass diejenigen, die gesagt haben, alles müsse geteilt, die Armut müsse bekämpft werden, sich bereichert haben. Im Iran wird das ganz offen in Zeitungen geschrieben und kritisiert. Und die Menschen sehen, wie schlimm diejenigen sind, die Gott vertreten, wie sie gegen die Menschen sind. Und deswegen glaube ich, dass es im Iran eine antireligiöse Revolution geben wird. Eine Bewegung, die die Religion ablehnt, von tief drinnen, nicht nur politisch, sondern ganz grundsätzlich. Die das Leben als ein Hier und Jetzt sehen,

Freude haben wollen und so weiter. Ich denke, das Klima wird sich grundlegend ändern, wenn das Regime abgeschafft ist. Nach allem, was ich erlebt habe, glaube ich, dass eine sehr fortschrittliche und offene Kultur entstehen wird.

Ich versuche, offen über die Wut und den Hass auf diese Religion zu reden. Bei Interviews sage ich zum Beispiel: Wir brechen alle Tabus. Und manchmal werde ich angerufen und gefragt, warum ich immer von Sex redete, vom Schlafzimmer. Dabei rede ich nicht immer darüber. Bei hundert Sätzen geht es vielleicht in zwanzig um dieses Thema, aber diese Kritiker hören nur diese zwanzig, weil es ein Tabu ist und wir diese Tabus brechen. Ich als Frau mit einer großen Klappe rede immer offen über Sex und über die Probleme, die Frauen haben. Und ich vertrete meine Meinung darüber in Diskussionen und verteidige die Jugendlichen, die Spaß haben möchten. Alle Religionen sind menschenfeindlich und frauenfeindlich, und deshalb muss man die Religion abschaffen. Erst dann kann man von einer Zivilisation sprechen.

Wenn Sie sich mit religiösen Menschen vergleichen: Was ist der Unterschied? Empfinden Sie Ihr Leben als besser oder als schlechter?

Ich weiß es nicht. Ich habe fast nur zu nichtreligiösen Menschen Kontakt. In meiner Umgebung wird keine Religion praktiziert, und ich kenne aus meiner Generation fast niemanden, der gläubig ist. Meine Schwester im Iran ist religiös. Manchmal diskutieren wir miteinander. Sie ist nach wie vor sehr konzentriert auf das «Leben nach dem Tod». Dadurch muss sie meiner Meinung nach Einschränkungen im Leben hinnehmen, sie trägt ein Kopftuch, symbolisch gesehen: ein Tuch über sich selbst, über ihrer Person. Sie verfolgt nicht ihre eigenen Wünsche.

Und Sie finden Ihr eigenes Leben nicht so schwierig, obwohl Sie so viel erlebt, auch schlimme Erfahrungen gemacht haben?

Ich bin sehr glücklich damit, nicht religiös zu sein. Meine Kinder sind in einem neutralen Klima aufgewachsen. Mit ihnen diskutiere ich auch, jetzt, wo sie groß sind. Ich sage: Ich bin Atheist. Du bist noch ein Kind und hast keine Religion, aber du kannst dich umschauen und informieren, und wenn du 18 bist, kannst du entscheiden, ob du eine Religion haben möchtest. Aber Religion ist eine Sache, die in deinem Kopf alles schwierig macht. Du musst offen sein und sehen, was passiert: Jeder kann ja nachlesen, wie brutal der Koran ist: Man kann Kinder töten, man kann Frauen töten, man kann Ungläubige töten – und kommt dann ins Paradies! Das steht im Koran! Wenn du den Koran in die Hand nimmst, kannst du das Blut sehen, das daran klebt. Demnach ist es die Aufgabe der Frauen, sich um alles zu kümmern, sauber zu machen, die Kinder zu erziehen und, wenn der Mann möchte, egal, wie, mit ihm zu schlafen. Der Islam ist reine Männersache. Es sind die Männer, die über unser Leben reden und über uns entscheiden. Wir sollen Dienerinnen der Männer, des Propheten Mohammed und Gottes sein.

Deswegen bin ich der Meinung, dass die Menschen die Religion aufgeben sollten. Dann könnten sie wirklich besser leben. Wissenschaftlich ist inzwischen vieles erklärbar, was es vor 300 Jahren noch nicht war. Es gibt eigentlich keine Hindernisse mehr, die Religionen abzuschaffen. Diese selbst sind ein Hindernis vor einem besseren Leben. Dieses System, das ja auch ein wirtschaftliches ist, ist ein Hindernis. Es braucht die Religion und trägt dazu bei, dass die Menschen alles akzeptieren, dass sie stillhalten und sich auf das «Leben nach dem Tod» konzentrieren.

Deshalb wäre meine Bitte an die Menschen, im Hier und Jetzt zu leben und im eigenen Leben etwas zu tun, weil man sonst am

Ende alles verliert. Jeder kann selbst entscheiden. Man kann anderen helfen. Oder darüber diskutieren, wie das Leben läuft, was man besser machen, wie man anderen helfen kann. Das macht auch glücklich, dass man etwas ändern und entscheiden kann. Ich rufe alle, die besser leben wollen, auf, die Religion aufzugeben, rauszuwerfen aus dem eigenen Leben. Wie man dies auf einer breiteren Ebene, in der Gesellschaft tun kann, ist wieder eine politische Frage. Aber jeder kann für sich anfangen. Man bekommt sehr viel Kraft, wenn man die Religion aufgibt.[25]

Fazit

Das Spektrum der Erfahrungen mit Religion, das haben nicht nur die hier veröffentlichten Interviews, sondern meine Gespräche insgesamt gezeigt, ist sehr groß.

Eine düstere Atmosphäre, Kälte und Humorlosigkeit scheinen viele Menschen aus der Kirche zu vertreiben. Aber selbst freundliche Kirchen und nette Pfarrer reichen den Interviewten nicht aus, um gläubig zu werden oder gläubig zu bleiben. Zu groß sind die Widersprüche zwischen Erzähltem und Erlebtem, zwischen Gepredigtem und Beobachtetem, zwischen religiösen Welterklärungen und wissenschaftlichen Erkenntnissen. Auch die Ansprüche an die Selbstbestimmung haben sich geändert: In den Interviews werden übereinstimmend lebens-, lust-, sexualitäts-, frauen- und menschenfeindliche Haltungen sämtlicher (großer) Religionen beklagt.

Gerade das Sexualleben, die Körperlichkeit, wird nach wie vor von kirchlich-religiösen Moralvorstellungen geprägt, und viele berichten von ihrer Erleichterung, vom vereinfachten Umgang mit dem anderen Geschlecht bzw. der Selbstakzeptanz ihrer Homosexualität, als sie sich endlich von der restriktiven religiösen Sexualmoral befreit hatten.

Die Eltern scheinen einen großen Einfluss auf die Einstellung zur Religion zu haben: Wenn mindestens ein Elternteil, meist ist es der Vater, wenig an Religion interessiert ist, wirkt sich das auf die Empfänglichkeit des Kindes für die Angebote der Glaubensgemeinschaften eher negativ aus. Allerdings gibt es auch hier Ausnahmen: Manche der Befragten sind die einzigen Atheisten in der Familie oder gar im weiteren Umfeld, entstammen sogar extrem religiösen Elternhäusern oder von Religion geprägten Sozialstrukturen.

Der Begriff «Atheismus» leitet sich vom altgriechischen

átheos ab und bedeutet wörtlich: ohne Gott[26] bzw. gottlos, ungöttlich.[27]

Aufgrund von Reflexionen – «Denken statt Glauben» –, schlechten Erfahrungen oder der Auseinandersetzung mit ihrer Religion/ihrem Glauben haben diese Atheisten Abstand dazu gewonnen.

Die befragten Ungläubigen zeichnete aus, dass sie entstandenes Unbehagen ernst nahmen und sich bemühten, Widersprüche und mangelnde Logik innerhalb der Theologie zu erkennen. Hinzu kommt der Mut, diesen Widersprüchen nachzugehen und Zweifel zuzulassen. Diese Eigenschaften sind offenbar wichtige Elemente für die Abkehr vom Glauben – ganz unabhängig vom Alter.

Für jene, die, beispielsweise in der DDR, wenig bis gar keine Berührungspunkte zu Religion hatten, scheinen die religiösen Angebote und Verheißungen ohnehin wenig attraktiv. Dann doch lieber selbst bestimmen, wie man leben möchte!

Die meisten Befragten hatten nicht nur einen kirchenkritischen, sondern auch einen religionskritischen Standpunkt. Viele von ihnen sind nicht nur «passiv» ungläubig, sondern gehen zum Teil explizit mit ihrer Einstellung an die Öffentlichkeit. Sie ärgern sich, wie Beate aus Berlin, über den Einfluss der Kirchen auf unser aller Leben. Diese Position stellt eine Steigerung des «passiven» Atheismus dar, der zwar in der Einstellung erkennbar, aber nicht unbedingt durch Handlungen oder offensive Meinungsäußerungen in die Öffentlichkeit getragen wird.

Unter den Befragten sind allerdings auch einige, die sich Agnostiker nennen. Agnostizismus, von altgriechisch agnȳstikismós, «nicht wissen», bezeichnet «die philosophische Ansicht, dass bestimmte Annahmen – insbesondere theologischer Art, welche die Existenz oder Nichtexistenz eines höheren Wesens wie beispielsweise eines Gottes betreffen – entweder ungeklärt, grundsätzlich nicht zu klären oder für das Leben irrelevant sind.

Dabei ist die Frage ‹Glauben Sie an einen Gott?› auch von einem Agnostiker mit ‹Ja› oder ‹Nein› beantwortbar».[28]

Wer sehr gläubig war, leidet häufig unter dem Verlust einer wichtigen Lebensstütze, die von einigen Interviewten einer intensiven Liebesbeziehung gleichgesetzt wurde, und braucht mitunter Jahre oder gar Jahrzehnte, um sich vom Glauben endgültig zu verabschieden.

Vor allem die medialen Neuerungen wie das Internet, die in Foren und Weblogs weltweit allen Interessierten uneingeschränkten Zugang zu wichtigen Informationen ermöglichen, haben etliche Befragte vermutlich schneller abtrünnig werden lassen, als es vor dem Internetzeitalter geschehen wäre. Ironischerweise betraf diese Entwicklung auch jene, die ihren Glauben mit mehr Informationen eigentlich hatten festigen wollen.

Woran glaubt, wer nicht glaubt?

Die Befragten glauben an Selbstverantwortung, Selbst-Bewusstsein, Selbstbestimmung, persönliche Freiheit, an sich selbst, den Austausch mit anderen Menschen, an wissenschaftliche Erkenntnisse, an die Schönheit und Unermesslichkeit des Universums. Sie glauben an die Liebe, die Familie und daran, wie wunderbar es ist, ein Kind wachsen zu sehen und seine Entwicklungsstufen mitzuerleben. Sie gehen davon aus, dass es nur dieses eine Leben im Diesseits gibt, das man versuchen sollte, so gut wie möglich zu leben, und glauben an den Genuss von Kunst, Musik, Literatur und Philosophie, an die Zufriedenheit, wenn man aus einer schwierigen Situation etwas Gutes herausgeholt und daran gewachsen ist, an die Besonderheit eines jeden Tages.

Die Befragten glauben an einen ewigen Kreislauf des Lebens und Sterbens, daran, aktiv Gutes zu tun, an Gerechtigkeit, Vernunft und Gewissen. Für sie ist es wichtig, nicht nur Menschen, sondern auch Tiere und Pflanzen mit Achtung, Respekt und Behutsamkeit zu behandeln, sich sinnvoll zu engagieren und die Menschenrechte zu achten.

Einige der Befragten lassen sich als «ungläubig-spirituell» definieren. Sie sind nicht in dem Sinne gläubig, dass sie an einen personalisierten Gott glauben, sondern vielmehr an eine «Kraft» oder «Energie». In manchen Fällen bezeichnen sie sich selbst als spirituell oder auch als buddhistisch.

Manche der insgesamt 70 Gesprächspartner gehen weiter: Sie sind nicht nur *gegen* Religion/Kirche, sondern *für* eine neue Weltanschauung, vor allem sind dies der Humanismus und, zu einem kleineren Teil, die Brights-Bewegung.

Humanismus ist beim *Humanistischen Verband Deutschlands* (HVD) definiert als «… eine demokratische und ethische Lebensauffassung: Alle Menschen haben die gleiche Freiheit und die Verantwortung, ihrem Leben Sinn zu geben (…). Grundlagen des Humanismus sind: Gleichheit und Freiheit der Menschen, Geltung der Vernunft. Diese Werte verankern die zentrale Stellung der Menschen und die Unverletzlichkeit und Unveräußerlichkeit ihrer Rechte in der Gesellschaft.»[29]

Der HVD steht für angewandten Humanismus, seine Schwerpunkte liegen neben Kultur- und Bildungsangeboten auf der Bereitstellung sozialer Unterstützung und Beratung wie zum Beispiel bei der Verfassung von Patientenverfügungen. Die *Giordano-Bruno-Stiftung* dagegen, mit der der HVD gemeinsame Projekte betreibt, bringt den Humanismus (und Atheismus) in die gesellschaftliche Diskussion. In ihrem Beirat sind viele namhafte Wissenschaftler und Künstler zu finden. Sie sammelt nach eigenen Aussagen «neueste Erkenntnisse der Geistes-, Sozial- und Naturwissenschaften, um ihre Bedeutung für das humanistische Anliegen eines ‹friedlichen und gleichberechtigten Zusammenlebens der Menschen im Diesseits› herauszuarbeiten. Ziel der Stiftung ist es, die Grundzüge eines naturalistischen Weltbildes sowie einer säkularen, evolutionär-humanistischen Ethik/Politik zu entwickeln und einer interessierten Öffentlichkeit zugänglich zu machen».[30]

Die *Brights* sind eine relativ neue Bewegung aus den USA, die 2003 von Paul Geisert und Mynga Futrell[31] begründet worden ist. Zu den diversen namhaften Mitstreitern gehören der Wissenschaftler und Bestsellerautor Richard Dawkins und der Zauberer James Randi. Ihre Selbstdefinition lautet:

- «Ein Bright ist eine Person mit einem naturalistischen Weltbild.
- Das Weltbild eines Bright ist frei von übernatürlichen und mystischen Elementen.
- Die Ethik und Handlungen eines Bright basieren auf einem naturalistischen Weltbild.»[32]

Zusammenfassend lässt sich in Hinblick auf die geführten Interviews sagen, dass viele der Befragten mehreren Kategorien zugeordnet werden können, d. h. Gottlose lassen sich nicht über einen Kamm scheren. Sie sind gleichzeitig Agnostiker, Atheisten und naturalistische Humanisten, sie sind spirituell-ungläubige Humanisten oder agnostische Rationalisten.

Zu hoffen ist, dass «Ungläubige» zukünftig immer mehr ihre Stimmen erheben und sich Gehör verschaffen. Dass sie sich größeren gesellschaftlichen Einfluss erkämpfen und irgendwann ganz selbstverständlich zu allen gesellschaftlich relevanten Fragen gehört, in Rundfunk- und Ethikräte berufen werden und mitreden können. Dass noch mehr Prominente sich als Mitglied der großen Gemeinschaft der Ungläubigen outen. Dass Menschen keine Angst vor beruflichen und sozialen Nachteilen haben müssen, wenn sie selbstbewusst bekennen: Ich brauche keinen Gott!

Anhang

Quellennachweise

1 http://de.wikipedia.org/wiki/Wir_sind_Papst!,www.spiegel.de – Titelseiten. Die britische Tageszeitung The Sun war da kritischer mit der Schlagzeile: «From Hitler Youth ... to Papa Ratzi», 20. April 2005, vgl. http://www.thesun.co.uk/sol/homepage/news/article106201.ece (07.08.08)

2 SPIEGEL special 9/2006 vom 21.11.2006, Seite 6

3 Spiegel Nr. 22/2007, Titel: «Gott ist an allem schuld!» Der Kreuzzug der neuen Atheisten.

4 Zahlen aus: http://www.buchreport.de/. Ratzingers Werk «Glaube – Wahrheit – Toleranz. Das Christentum und die Weltreligionen» schaffte es im Mai 2005, kurz nach seiner Wahl zum Papst, gerade eine Woche lang auf Platz 8 der Bestsellerliste (07.08.08).

5 http://www.katholisches.info/?p=341 (07.08.08)

6 vgl. beispielsweise Gerwin, Hanno: «Was Deutschlands Prominente glauben», Gütersloher Verlagshaus, 2005, in dem Franziska van Almsick, Wolf von Lojewski, Xavier Naidoo, Renate Schmidt, Alice Schwarzer und viele weitere Prominente sich zu ihren religiösen Überzeugungen äußern.

7 http://www.wz-newsline.de/?redid=192292 (07.08.08)

8 http://www.religionsmonitor.com (18.8.08). Da meine Eltern mit mir jedes Jahr zu Weihnachten in den Weihnachtsgottesdienst gingen, kreuzte ich «selten» an, was mir bei «gelebter Religiosität» einen Wert im mittleren Bereich einbrachte. «Wie sehr interessiere ich mich für religiöse Themen und Fragen?» – da ich dieses religionskritische Buch schreibe, bin ich selbstredend an religiösen Themen interessiert, und damit liegt mein Wert bei diesem Punkt höher als der Durchschnitt!

9 www.kirchenaustritt.de/statistik/ (07.08.08)

10 Zahlen und Graphik vgl. fowid.de, eigene Darstellung

11 http://de.wikipedia.org/wiki/Kirchenaustritt#Zahl_der_Austritte (07.08.08) sowie Deutsche Bischofskonferenz: http://www.dbk.de/zahlen_fakten/statistik/index.html (10.08.08). Die Zahl der Wiederaufnahmen und Eintritte hat sich bei den Katholiken allerdings erhöht (2000: 8171/3842, 2004: 9004/4018, 2006: 10823/4957).

12 vgl. fowid.de; http://de.wikipedia.org/wiki/Kirchenaustritt (07.08.08)

13 zum Atheisten = Stalin-Vergleich durch Peter Scholl-Latour siehe die Sendung Maischberger vom 13. November 2007 (http://www.ardmediathek.de/ard/servlet/content/449004, 10.08.08). Gäste waren Janosch, Schwester Jordana, Peter Scholl-Latour, Horst Herrmann, Matthias Matussek, Hans Küng. Einem regelrechten geistlichen Tribunal sah sich Richard Dawkins in der Sendung Johannes B. Kerner vom 15.11.2007 gegenüber (http://jbk.zdf.de/ZDFde/inhalt/31/0,1872,7124383,00.html?dr=1, 10.08.08). Gäste neben Dawkins waren Dr. Heiner Geißler, Hans-Jochen Jaschke, Dr. Wolfgang Huber und Prof. David Willey.

14 s. Literatur- und Medienverzeichnis im Anhang

15 aus: «Bekenntnisse eines frommen Ketzers». Janosch über die Gefahr der Religion und wahre Spiritualität. In: connection Spirit, September 2007, S. 13

16 Mehr zum Thema «Schuldgefühle» finden Sie in meinem Aufsatz «Ich war evangelisch-lutherische Christin ...», unter http://www.beepworld.de/members42/irenenickelreligionskritik/ichevlut.htm (07.08.08)

17 Zu Waffengeschäften des Vatikans vgl. http://zeus.zeit.de/text/archiv/2001/45/200145_gs-vatikanbank.xml (07.08.08)

18 Inwieweit diese Schlussfolgerung eindeutig möglich ist, dass religiös bzw. von der Kirche beeinflusste Jurist/innen die Gesetze so verabschieden, kann hier nicht beantwortet werden. Unter http://de.wikipedia.org/wiki/Kuenstliche_Befruchtung#Rechtliche_Lage (12.08.08) finden sich Hinweise auf die Richtlinien zum Familienstatus der legalen Fertilisation in Deutschland, die der katholischen weitgehend entspricht: Der Vatikan äußert sich zur künstlichen Befruchtung recht ausführlich und lehnt diese grundsätzlich ab. Ausschließlich Ehepaaren, die ansonsten kinderlos blieben, wird – zähneknirschend und in gewundenen Argumentationsketten – diese Prozedur zugestanden (http://www.vatican.va/roman_curia/congregations/cfaith/documents/rc_con_cfaith_doc_19870222_respect-for%20human-life_ge.html (12.8.08)

19 http://www.humanismus.de/lebenskunde (07.08.08)

20 vgl. Frerk, Carsten: Finanzen und Vermögen der Kirchen in Deutschland. Alibri 2004

21 http://www.ralf-koenig.de/comic.php?u=18&info=About-me (07.08.08)

22 Zur Jugendweihe beim Verein Roter Baum e. V. in Dresden, vgl. http://www.roter-baum.de/jugendweihe (07.08.08)

23 vgl. http://de.wikipedia.org/wiki/Mina_Ahadi (12.8.08) sowie minaahadi.com (12.8.08)

24 vgl. Zentralrat der Ex-Muslime, deren Vorsitzende mittlerweile Mina Ahadi ist: http://www.ex-muslime.de/ (07.08.08)

25 Die «Organisation gegen Steinigung» ist ein Netzwerk, in dem 200 Organisationen mitarbeiten, mit Hauptsitz in Köln. Wenn jemand dort mitarbeiten oder spenden will, reicht es, eine E-Mail zu schreiben: http://www.minaahadi.com; minaahadi@aol.com

26 http://athpedia.de/wiki/Atheist (07.08.08)

27 http://de.wikipedia.org/wiki/Atheismus (07.08.08)

28 http://athpedia.de/wiki/Agnostiker; inhaltlich identisch mit: http://de.wikipedia.org/wiki/Agnostiker (07.08.08)

29 http://www.humanismus.de/wir-ueber-uns (07.08.08)

30 http://giordano-bruno-stiftung.de/ (07.08.08)

31 Mynga Futrell hat zahlreiche religionskritische Vereinigungen in den USA gegründet. Ursprünglich ist sie im edukativen Bereich tätig, von der Grundschullehrerin bis zur Universitätsprofessorin (vgl. http://en.wikipedia.org/wiki/Mynga_Futrell 13-8-08). Paul Geisert war Biologielehrer, Unternehmer, Schriftsteller und Entwickler von Lernmaterialien, bis er mit Mynga Futrell die Brights gründete. Ihm missfiel der Terminus «gottlos», und auf der Suche nach einem Begriff, der die «Gemeinschaft der Vernunft» positiv charakterisieren sollte, verfiel er auf «bright» (hell, klar). (vgl. http://en.wikipedia.org/wiki/Mynga Futrell, 13.8.08)

32 http://www.brights-deutschland.de/ (07.08.08)

Leitfaden

Der folgende Leitfaden stellt die Grundlage der Befragungen dar. Er wurde den Interviewpartner/innen zugeschickt, bei den persönlichen Befragungen orientierte ich mich an den einzelnen darin angeführten Punkten.

Wozu brauche ich einen Gott?! – Gespräche mit Abtrünnigen und Ungläubigen

Leitfaden

Bitte geben Sie bei jeder Frage Beispiele für Ihre Erfahrungen an, in denen das, was Sie schreiben, gut nachvollziehbar wird!

1. Welche Erfahrungen haben Sie in Ihrem Leben – Familie, Schule, soziales Umfeld – mit Religion/Kirche/Gott gemacht?
2. Seit wann sind Sie Atheist/in, Antitheist/in, religionskritisch?
3. Wie kam es dazu?
4. Wenn Sie keinen Gott haben, was haben Sie dann? Was gibt Ihnen Sinn und Halt im Leben?
5. Welche Erfahrungen haben Sie damit gemacht?
   a) psychisch (Unsicherheit? Angst? Kein Problem, kein Thema?)
   b) sozial, gesellschaftlich (Sind Sie damit angeeckt? Behalten Sie das eher für sich, oder ist es kein Problem in Ihrem Umfeld? Hat es Auswirkungen im Beruf? Wenn ja: welche?)
   c) wie empfinden Sie Ihre Position im Vergleich zur Position gläubiger/religiöser Menschen?
6. Gibt es etwas, das Sie anderen mit auf den Weg geben möchten? Wenn ja, was möchten Sie anderen mitgeben? Was hat Sie bewogen, bei diesem Projekt mitzumachen?
7. Würden Sie kurz über sich etwas erzählen? – Name, Geschlecht, Alter, Wohnort, Beruf, Familienstand

Sollten Sie anonym bleiben wollen: würden Sie das bitte kurz begründen!

Herzlichen Dank für Ihre Mitarbeit.

Literatur

Ahadi, Mina/Sina Vogel: Ich habe abgeschworen. Warum ich für die Freiheit und gegen den Islam kämpfe. Heyne 2008.

Buggle, Franz: Denn sie wissen nicht, was sie glauben. Alibri; überarb. u. erw. N.A. 2004.

Dawkins, Richard: Der Gotteswahn. Ullstein 2007.

Deschner, Karl-Heinz: Abermals krähte der Hahn. Eine kritische Kirchengeschichte. btb Verlag 1996.

ders.: Der gefälschte Glaube. Knesebeck 2004.

ders.: Kriminalgeschichte des Christentums. Bände 1–9, Rowohlt 1986–2006.

Deschner, Karl-Heinz/Horst Herrmann: Der Anti-Katechismus. 200 Gründe gegen die Kirchen und für die Welt. Rasch und Röhring o. J.

Ditfurth, Hoimar von: Am Anfang war der Wasserstoff. dtv N.A. 1997.

ders.: Der Geist fiel nicht vom Himmel. Die Evolution unseres Bewusstseins. Hoffmann und Campe 1976.

ders.: Kinder des Weltalls. Der Roman unserer Existenz. dtv N.A. 1995.

ders.: Wir sind nicht nur von dieser Welt. Naturwissenschaft, Religion und die Zukunft des Menschen. dtv N.A. 1995.

Einstein, Albert: Mein Weltbild. Ullstein 2005.

Frerk, Carsten: Finanzen und Vermögen der Kirchen. Alibri 2002.

Frerk, Carsten/Michael Schmidt-Salomon: Die Kirche im Kopf. Von «Ach Herrje» bis «Zum Teufel!». Alibri 2007.

Harris, Sam: Das Ende des Glaubens. Religion, Terror und das Licht der Vernunft. Edition Spuren 2007.

Herrmann, Horst: Kirchenaustritt jetzt. Argumente für Unentschlossene. Goldmann 1994.

ders.: Sex und Folter in der Kirche. 2000 Jahre Folter im Namen Gottes. Aufbau 2006.

Hitchens, Christopher: Der Herr ist kein Hirte. Blessing 2007.

Kahl, Joachim: Das Elend des Christentums oder Plädoyer für eine Humanität ohne Gott. Rowohlt 1969.

Kerkeling, Hape: Ich bin dann mal weg. Meine Reise auf dem Jakobsweg. Malik 2007.

Kruse, Max: Die versunkene Zeit. Bilder einer Kindheit im Käthe-Kruse-Haus. Books on Demand 2000.

ders.: Die behütete Zeit. Books on Demand 2000.
Onfray, Michel: Wir brauchen keinen Gott. Warum man jetzt Atheist sein muss. Piper 2007.
Roche, Charlotte: Feuchtgebiete. DuMont 2008.
Russell, Bertrand: Warum ich kein Christ bin. Von der Unfreiheit des Christenmenschen. Rowohlt 1994.
Schmidt-Salomon, Michael: Manifest des evolutionären Humanismus. Plädoyer für eine zeitgemäße Leitkultur. Alibri; 2., erw. Auflage 2006.
Schmidt-Salomon, Michael: Wo bitte geht's zu Gott?, fragte das kleine Ferkel. Ein Buch für alle, die sich nichts vormachen lassen. Alibri 2007.
Weber, Max: Gesammelte Aufsätze zur Religionssoziologie, Bände I–III. UTB 1988.
Wittgenstein, Ludwig: Vorlesungen und Gespräche über Ästhetik, Psychoanalyse und religiösen Glauben. Fischer 2001.

Danksagung

Danken möchte ich sämtlichen Gesprächspartner/innen und Befragten, ohne die das Buch gar nicht möglich gewesen wäre. Der Erkenntnisgewinn, den ich durch die Lektüre sämtlicher Interviews gewonnen habe, ist in anderer Form ins Buch eingeflossen – leider musste ich mich für die einen und damit gegen die anderen Interviews entscheiden. Zum Schmunzeln haben mich vor allem Doris Ponitka («Gott hat mich nicht überzeugt») und Ernö Szivek («Gott sei Dank bin ich nicht religiös») gebracht. Viele der Befragten habe ich seither kennen- und schätzen gelernt: Rainer Ponitka ist beim IBKA für den AK Schule verantwortlich. Mina Ahadi bewundere ich für ihren Mut und ihre Standfestigkeit. Mit Tom Schmidt habe ich mittlerweile den Trierer Humanistenstammtisch und – mit Wolfgang Schmitt – den Humanistischen Verband Rheinland-Pfalz gegründet. Assunta Tammelleo lernte ich als umtriebige BfG-Vorsitzende Münchens kennen. Johann Mathis aus Österreich sandte mir Unmengen an Material zu. HW Valerian schenkte mir sein Buch («Nicht zu glauben»), Tibor Vogelsang ist mittlerweile ein lieber Kollege beim Humanistischen Pressedienst, hpd.de. Rica Gottwald hat in Dresden den Roten Baum aufgebaut, Ellen Kühl-Murges ist zweimal aus der katholischen Kirche ausgetreten und Mitwirkende im IBKA. Mit vielen der Befragten – vor allem mit Anonymus, Volker Posselt, Klaus Prinz, Ralf Dingeldey – stand ich per Mail in Kontakt, viele andere erkundigten sich immer wieder danach, was denn das Buch so macht.

Ralf König – er brachte den Sex ins Buch, ohne ihn wäre ich gar nicht bei Rowohlt gelandet, und illustriert hat er dieses Buch auch noch: Wow!

Außerdem danke ich meinem guten Freund Michael Schmidt-Salomon, der mich in meiner Suche nach Gesprächspartnern sehr unterstützt hat, ebenso dem Pfundskerl Herbert Steffen von der Giordano-Bruno-Stiftung, Carsten Frerk von fowid.de, dem ich die Zahlen verdanke, und Evelin Frerk für ihre Mithilfe bei der Suche nach Interviewpartner/innen. Hinzu gesellt sich Catarina E., die mich mit Nina Vorbrodt bekannt machte.

Katja Kisters und Annette Sager haben Interviews transkribiert und wichtige Vorschläge zur Strukturierung und Auswertung beigetragen. Dirk Eberhard brachte die persönlichen Interviews in eine gut lesbare Form.

Meine Chefin bei Zarabina, Angelika Gebhardt-Berg, hat sich immer wieder freundlich nach dem Status des Buchs erkundigt und mir viele Urlaubstage zum Schreiben gewährt. Unterstützt haben mich auf vielfältige Weise mein lieber Freund Dirk Eberhard und Jürgen Baumhögger, der Vater meiner kleinen Tochter Lilias. Auch Merle, meine große Tochter, hat ihren Teil beigetragen: Danke!